소멸 시대 폭식 사회

균형발전 전략 대전환이 필요하다

소멸 시대 폭식 사회

균형발전 전략 대전환이 필요하다

초판 1쇄 발행 ǀ 2024년 12월 20일

지은이 ǀ 박현갑
펴낸이 ǀ 이재호
책임편집 ǀ 이필태

펴낸곳 ǀ 리북(LeeBook)
등 록 ǀ 1995년 12월 21일 제2014-000050호
주 소 ǀ 경기도 파주시 회동길 50, 4층(문발동)
전 화 ǀ 031-955-6435
팩 스 ǀ 031-955-6437
홈페이지 ǀ www.leebook.com

정 가 ǀ 15,000원

ISBN ǀ 978-89-97496-75-4

소멸 시대 폭식 사회

균형발전 전략 대전환이 필요하다

박 현 갑 지음

리북

※ 이 책은 방일영문화재단의 지원을 받아 저술 출판되었습니다.

사라지는 지역, 무너지는 균형

지역소멸, 지방소멸, 인구소멸 등 최근 몇 년 사이 '소멸론'이 우리 사회의 화두로 떠올랐다. 아이 울음소리가 사라진 마을, 텅 빈 집들과 폐교의 흔적 그리고 끊임없이 사람을 빨아들이는 수도권이라는 블랙홀. 이런 풍경들은 단순히 숫자로 보이는 통계가 아니라, 국가의 지속가능성을 위협하는 적색경보나 다름 없다.

서울이 아닌 지방에서는 좋은 삶을 꿈꾸기 어려운가?

지방을 떠나 수도권으로 간 사람들은 행복한 삶을 살고 있나?

이 책은 수도권 집중과 지역 불균형이라는 공간 양극화 현상의 이면에 숨겨진 우리 사회의 뿌리 깊은 서울 중심의 구조적 문제를 짚어보고자 한다. 지방이 소멸 위기다. 하지만 정말 우려되는 건 '더 나은 삶을 살 수 있다'는 희망이 사라진다는 점이다.

우리 앞에 놓인 지방소멸을 '지역부활'의 출발점으로 생각해보자. 수도권 집중 현상도 이분법적인 사고로 볼 게 아니라 자원의 재배치와 새로운 성장의 기회를 여는 단초로 볼 순 없을까?

지방소멸과 수도권 폭식 현상을 통해 지방과 서울이 함께 발전할 수 있는 상생의 길을 찾아보려 한다. 독자 여러분도 '소멸'과 '폭식'이라는 단어가 주는 절망감과 거부감 대신, 지역이 가진 잠재력을 재발견하며 우리나라의 밝은 미래를 그려보길 제안드린다.

우리는 저력의 민족이다. 제2차 세계대전 이후 독립한 국가 중 선진국으로 발전한 유일한 나라다. 2023년에는 1인당 국민총소득(GNI)이 3만 6,000달러를 넘어 처음으로 일본을 제쳤다. 세계 인구 5,000만 명 이상 국가 중 1인당 GNI가 우리나라보다 높은 나라는 미국, 독일, 영국, 프랑스, 이탈리아 등 5개 나라뿐이다. 전 국민의 피, 땀, 눈물이 60년 만에 이룬 기적이다.

그러나 이 과정에서 누적된 지역 불균형 문제는 우리를 가슴 아프게 한다. 수도권은 국토 면적의 11%에 불과하지만 인구의 절반 이상이 모여 산다. 지역내총생산(GRDP) 비중도 52.1%(2019년)로 가히 '수도권 폭식 사회'다. 50년 넘게 균형발전 정책을 추진한 결과라니 참담한 노릇이다.

게다가 저출산, 고령화로 국가의 지속가능성이 위협받고 있다. 통계청의 2023년 출생, 사망 통계에 따르면 우리나라의 여성 1명이 가임기간(15~49세) 동안 낳을 것으로 예상되는 평균 출생아 수는 0.72명으로 세계 최저 수준이다. 2025년에는 이 비율이 더 떨어질 전망이다. 이런 가운데 2025년에는 65세 이상 인구 비중이 20%를 초과하는 초고령사회로 진입하게 된다.

위헌적 비상계엄 선포로 대통령이 탄핵당할 위기에 내몰린 윤석열 정부는 '대한민국 어디서나 살기 좋은 지방시대' 구현을 국정과제로 내걸었다. 이 과제를 달성한다면 '서울공화국', '수도권 일극체제'라는 말은 사라지고 소멸 문제도, 불균형 문제도 해소될 것이다.

하지만 조선왕조 이래 뿌리 깊은 서울 중심의 사고를 획기적으로 뜯어고치지 않는 한, 이는 장밋빛 구호에 그칠 가능성이 높다. 균형발전을 강조하면 할수록 수도권 발전은 제약될 수 있다. 지방정부나 분권 강조는 대통령 권한의 약화를 초래할 수밖에 없다.

필자는 30년 넘게 기자로 활동하며 정부의 균형발전 정책의 변화를 지켜봤다. 유감이지만 그동안 정부의 균형발전 정책은 모두 실패했다고 본다.

우리나라는 미국, 중국처럼 국토가 넓고 인구가 많은 나라가 아니다. 국토 규모나 한정된 인적 자원을 생각하면 집적의 효과도 생각하지 않을 수 없다. 이런 현실을 외면하는 균형발전은 국가경쟁력 약화로 이어질 것이다. 동시에 수도권의 일방적 쏠림 현상을 해소하지 못한다면 불균형발전은 더 심각해질 것이다. 게다가 지금은 인구감소시대로 기존의 성장 모델로는 위기를 돌파하기 어렵다.

이런 현실에서 필자는 아래와 같은 문제의식을 갖고 책을 집필하게 됐다.

비수도권의 젊은이들이 수도권으로 탈출하지 않고 삶의 질을 제고할 순 없나?
지방의 소멸이 멈추고 수도권처럼 활력을 되찾을 수 없을까?

대통령제 국가에서 지방정부는 탄생할 수 있을까?

필자는 좁은 국토와 적은 인구라는 구조적 한계, 그동안의 균형발전 정책에 대한 반성 그리고 우리나라가 처한 대외적 환경 요인을 고려한 균형발전 모델을 찾아야 한다고 본다.

이 책은 이를 위해 다음과 같은 4대 전제조건과 5대 실천방안을 제안한다.

4대 전제조건은 '헌법 정신 실천하기', '인구 감소 인정하기', '서울 중심의 수직적 사고방식 탈피하기', '지방분권'이다.

5대 실천방안은 '대통령의 확고부동한 균형발전 리더십', '10년 이상 지속가능한 상생형 발전 방안 추진', '주민 편익 중심의 행정통합', '지방 주도의 균형발전', '교통망 확충은 비수도권부터'이다.

다음은 이 책의 구성이다.

첫째, 수도권 쏠림 현상을 '폭식 사회' 현상으로 보고 교통, 교육, 주거, 의료, 문화 등 분야별로 그 실상을 짚어본다. 이를 통해 지역 균형발전 정책의 한계를 고발하고자 한다.

둘째, 정치가 균형발전에 미치는 영향을 짚어본다.

세종특별자치시의 사례, 김포의 서울시 편입으로 촉발된 서울 메가시티 논쟁, 부울경 메가시티 사례 등의 문제점을 중심으로 살펴본다.

셋째, 역대 정부의 균형발전 정책에 대한 공과를 평가한다.

역대 정부의 균형발전 정책들이 어떤 사유로 흐지부지되거나 변경되었고, 잘한 점은 무엇인지를 그 공과를 살펴보고자 한다.

넷째, 언론의 지역 균형발전에 대한 시각을 진단하고자 한다.

정책 성공은 정부 노력에 정책 수요자인 국민의 공감 및 참여가 더해질 때 가능하다. 그리고 언론은 관련 보도를 통해 정책을 둘러싼 정부와 국민 간 갈등을 최소화하며 정책이 미래지향적이며 생산적인 방향으로 펼쳐질 수 있도록 중개자 역할을 해야 한다.

다섯 번째로 미래 균형발전의 전제조건과 실천방안을 제시하고자 한다.

균형발전 정책은 시대나 상황에 따라 바뀌는 일회성 정책이 되어선 안 된다. 역대 정부의 균형발전과 분권 정책에 대한 반성을 토대로 정부의 지역 균형발전 정책이 제대로 뿌리내릴 수 있는 조건과 실행 방안을 모색하고자 한다.

'한강의 기적'으로 상징되는 대한민국의 고속 성장이 국가소멸로 이어져서는 안 될 것이다. 지역 균형발전의 패러다임을 전환해야 한다. 이 책은 '소멸 시대, 폭식 사회'를 넘어 수도권과 비수도권이 함께 발전하는 미래를 어떻게 만들어갈 것인가를 모색하는 담대한 여정을 위한 첫걸음이다.

당신이 살고 싶은 대한민국은 어떤 모습인가?

이 질문에 답하는 여정을 이 책과 함께 떠나 보시길 권한다.

2024년 12월

박현갑

1장

폭식 사회

지역 불균형은 공간 양극화 현상이다. 수도권은 인적, 물적 자원이 넘치는 반면, 비수도권은 인구와 기회의 감소로 소멸 위기에 처해 있다. 이러한 공간 양극화는 반헌법적이다. 헌법에서는 국민이 어느 지역에 살더라도 '균등한 기회'를 제공받을 권리가 있다고 명시하고 있다.

하지만 현실은 다르다. 소득 양극화도 문제지만 공간 양극화 문제도 방치하면 사회적 안정성을 심각하게 해칠 수 있다. 수도권에 몰린 양질의 일자리는 비수도권과의 소득 격차를 심화시키고 이는 다시 교육, 문화, 의료 등 지역 간 인프라 격차로 이어진다.

필자는 이러한 수도권 집중 현상을 자원 과잉과 결핍의 불균형을 보여주는 '폭식 사회'라는 비유로 설명하고자 한다. 이는 수도권은 필요 이상으로 자원을 독점하여 성장하는 반면, 비수도권은 필수 자원조차 부족해 소멸 위기로 내몰리는 구조적 문제가 누적된 사회라는 의미이다. 수도권이 국가의 인적, 물적 자원을 강력한 진공청소기처럼 빨아들이며 성장하는 동안, 비수도권은 자원 부족과 기회 감소로 소멸 위기로 내몰리고 있다.

이러한 폭식 사회 현상은 단순한 지역 간 불균형에 그치지 않고 사회적 불평등을 심화시키는 구조적 문제이다. 자원의 수도권 쏠림은 비수도권의 경제, 사회적 기회 부족으로 이어지고, 이는 소득 격차뿐 아니라 교육, 일자리, 문화, 의료 등 삶의 모든 영역에 걸친 격차로 나타나고 있다. 이 장에서는 이러한 수도권 폭식 현상을 각 분야별로 살펴보고, 이 문제를 해결하기 위한 구체적 방안을 모색하고자 한다.

수도권 쏠림 현상 속에서 경제 활동을 위한 공간이동 경계선을 보여주는 말들이 있다. '판교라인', '기흥라인' 등이다.

수도권에 생활 기반을 둔 취업준비생 가운데 일반사무직이나 연구개발직은 판교까지, 기술직은 기흥까지는 가서 근무할 수 있다는 의미로 선호하는 취업 지역의 남방한계선을 뜻한다.

일반사무직들은 당초 현대차 본사가 있는 서초구 양재동까지를 근무지로 선호했으나 정보통신업이 각광받으면서 판교라인으로 취업 가능 지역이 넓어진 상태다. 판교테크노밸리에는 분당의 네이버, 카카오 등 2021년 기준으로 대기업 64곳 등을 포함한 1,697개 기업이 입주해 있다. 수원 영통구의 삼성전자 연구소도 판교라인에 포함된다. 서울 거주자들이 이곳까지는 2011년 개통한 신분당선을 이용하거나 광역버스로 이동할 수 있지만 판교보다 더 아래쪽으로 내려가지 않으려 한다는 것이다.

기흥라인은 기술직의 남방 취업한계선으로 삼성전자 기흥사업장, 삼성디스플레이 본사 및 연구소, 삼성SDI 본사에 SK하이닉스 용인공장, 현대차 남양연구소 등이 기흥 일대에 몰려 있어 붙은 용어이다. 서울에서 2018년 개통한 KTX 기흥역을 이용하면 접근이 용이하다. 앞으로 평택의 고덕 삼성반도체 사업장이 완공 및 정착되면 기흥라인은 '고덕라인'으로 바뀔 수 있다.

이러한 판교, 기흥라인은 수도권 집중화의 한 단면이다. 수도권은 주거, 교통, 경제, 교육, 문화 등 사회 인프라가 잘 구비된 데다 기업들까지 몰려 있으니 자연히 사람들을 끌어들이는 효과가 생긴다. 그리고 이런 유인 효과는 주택 공급, 교통망 확충 등의 인프라 재투자로 이어지고 비수도권 지역의 인력 유출을 일으킨다. 이는 지역 불균형을 가속화하는 요인이다.

현재의 수도권 집중 현상은 정부의 정책 결정이 큰 영향을 미쳤다. 이명박 정부 시절인 2008년 수도권 규제 완화가 결정적 전환점이었다. 이 규제 완화 정책은 2008년 글로벌 금융위기로 인한 경기 침체를 우려해 수도권의 경제 발전 촉진으로 국가경쟁력을 제고하려는 목적으로, 수도권의 대기업 공장 신설과 증설을 허용하는 한편 중소기업과 첨단산업의 수도권 진입장벽을 대폭 낮추는 정책이었다. 당시 규제 완화로 판교테크노밸리와 같은 대규모 산업단지 조성이 가능해졌고, 이는 기업과 인재의 수도권 집중을 부채질했다. 만약 정부가 2008년 수도권 규제를 완화하지 않았다면 기업들은 지방 이전을 고려했을 것이고, 지금과 같은 수도권 쏠림 현상은 완화되었을 수 있다.

이러한 수도권 폭식 현상을 타파하기 위해 비수도권의 민선 단체장이 나섰으나 다윗과 골리앗의 싸움이나 다름없었다.

이장우 대전 시장은 2022년 7월 11일 대전시 제11회 인구의 날 기념식에서 "판교라인을 대전라인으로 내리겠다."고 했었다.[1] 이 시장은 사무직, IT 인재들이 판교 이남으로는 내려오려 하지 않고, 생산직 인재들은 기흥 아래로 내려오지 않는 경향을 지적했다. 그러면서 이들의 비수도권 기피 원인으로 대전의 일자리 부족과 문화적 매력 부족을 든 뒤, 일자리 부족 측면에서

산업단지 500만 평 조성, 나노반도체 종합연구원과 대전투자
청 설립을, 문화적 매력 제고 측면에서 대전예술중흥종합계획
수립 및 동구 0시 축제의 대전 전역 확대를 추진하겠다고 밝혔
다. 하지만 쉽지 않은 일이다.

1.2 수도권 집중 현상의 역설 : 의대라인

최근에는 이를 뛰어넘는 '의대라인'이 생겨나고 있다.

정부는 의대 정원을 2025학년도 입시부터 5년간 2,000명씩
늘리기로 발표했다. 이 증원분 가운데 82%인 1,600명은 비수
도권의 27개 의대에 배분하고 의대 졸업 이후 수도권으로의 이
탈을 방지하기 위해 지역인재 전형 비중을 확대하기로 했다.

그런데 이 소식에 수도권 학부모들 사이에서 자녀의 의대 진
학을 위해 수도권과 가까운 충청권 등 비수도권 고교로 자녀를
입학시켜 지역인재 전형을 준비하려는 움직임이 있다. 말하자
면 자녀의 의대 진학을 목표로 거주지를 비수도권으로 옮기는
의대라인 이동 현상이 있다는 것이다.

지역인재 전형은 비수도권 대학의 소재지에 거주하는 학생
을 일정 비율 이상 선발하는 제도이다. 2013년 '지방대학 및 지
역균형인재 육성에 관한 법률' 제정 이후 2015년부터 시행됐다.
2024년 고등학교 1학년생이 대학에 진학하는 2027학년도까지

는 해당 지방 대학 소재지의 고교에서 3년 과정을 마쳐야 지역 인재 전형으로 지방 의대 진학을 노릴 수 있다.

하지만 2028학년도부터는 중학교부터 수도권이 아닌 지역에서 졸업해야만 지역인재 전형에 지원할 수 있다. 지역 균형발전을 위한 수단이지만 의대가 우리 사회에서 차지하는 사회적 위상을 고려하면 수도권 거주자들이 이를 전략적으로 활용할 여지가 높다.

우리 사회에서 의사는 사회적 대우와 경제적 보상이 가장 높은 직업군에 속한다. 일반적으로 의대생은 다른 전공의 학부생들이 4~5년 만에 사회생활을 시작하는 것에 비해 예과 2년, 본과 4년 등 6년 과정의 교육을 마친 뒤, 의사면허증을 따면 의사로서 인턴 1년과 레지던트로 알려진 3~4년의 전공의 과정을 밟게 된다. 전체적으로 의대생은 사회에 나오기까지는 10년이라는 기간이 걸리나, 정년 없이 일할 수 있고 사회적 대우도 높을 뿐더러 풍족한 경제적 보상을 약속받는다.

이러다 보니 초등학교 때부터 의대 입시를 준비할 정도로 우리 사회의 의대 선호도는 세계 최강이다.

전국 40개 의대의 입학 정원은 그동안 3,058명으로 제한돼 수능 성적이 최상위권이 아니라면 합격을 장담하기가 쉽지 않았다. 그런데 2025학년도부터 의대 정원이 1,500여 명 늘어나고 2026학년도부터는 정부 계획대로라면 연 2,000명이 늘어나 도전해 볼 만한 데다 지역인재 전형을 통하면 훨씬 더 합격하기가 수월하니 아예 지방으로 이사를 가 자녀의 의대 진학을 도모하려는 학부모들이 있다는 것이다. 이는 일견 수도권 집중 현상과 반대되는 것으로 보인다.

하지만 본질은 여전한 수도권 중심 사고가 잉태한 또 다른 형태의 지역 불균형이다. 수도권 거주자들이 지역인재 전형이라는 제도를 악용해 비수도권 수험생들의 의대 진학 기회마저 선점하려는 것으로 이는 수도권 중심의 자원 독점 현상이 교육 분야로까지 확장된 결과라고 하겠다.

임성호 종로학원 대표는 "의대 증원 발표 이후 이와 관련된 문의가 빗발치고 있다."라며 "진지하게 지방 이사를 계획하며 입시 계획을 짜는 사례도 많다."라고 전했다. 비수도권 의대 정원 확대나 지역인재 전형 비중 확대 정책의 실효성 여부와 별개로 수도권 학부모들은 지역인재 전형을 통해 자녀를 의대에 보낼 가능성이 훨씬 높아진 터라 비수도권 대학이라도 자녀를 의대에만 보낼 수 있다면 일단 보내겠다는 계산을 하는 것이다.[2]

의대 정원 확대와 지역인재 전형 확대 정책은 단기적으로 입시 문턱을 낮추고 비수도권 의대의 문을 넓힐 수 있다. 그러나 이 정책이 수도권 중심 사고를 극복하고 진정한 지역 균형발전으로 이어지기 위해서는 보다 근본적인 고민이 필요해 보인다.

1.3 수도권 비대화의 쌍두마차 : 지하철과 GTX

교통은 서민생활의 핵심 요소 중 하나다. 의식주만큼 중요하다.

의식주와 달리 인프라를 통한 연결성을 극대화해 공간 구조의 효율성을 제고하는 한편 혼잡비용과 물류비 감소, 지역 간 격차 해소 및 지역 경제 활성화 등 경제, 사회적 편익을 일으킬 수 있다.

하지만 이런 긍정적 기대 효과에도 불구하고 수도권의 지하철과 GTX 확충 방안은 수도권 집중에 따른 각종 정치, 경제, 사회적 문제를 해소하는 것이 아니라 더 부채질하고 있다.

지하철 노선망 확충으로 본 서울 팽창

지하철의 발달사는 이런 흐름을 보여준다.

우리나라 최초의 지하철은 1974년 8월 15일 서울역~청량리역 간 9개 역 7.8㎞ 구간에서 운행을 시작한 서울 지하철 1호선이다. 영국이 1863년 런던에서 6.4㎞ 구간의 지하철 운행을 시작한 지 111년 만의 일이다. 서울 지하철은 2024년 9월 기준 9개 노선이 거미줄처럼 뻗어 있다. 서울 지하철은 서울 시내만 운행하는 것이 아니라 코레일과 연결해 인천, 수원, 의정부 등의 수도권까지 운행 구간을 확장한 상태다.

다음의 그림들은 서울 지하철의 확장 흐름을 보여준다. 1970년대, 1980년대, 2000년, 2013년 그리고 2024년의 노선도다.

한눈에 보아도 수도권의 지하철 교통망이 얼마나 거미줄처럼 뻗어가고 있는지 알 수 있다.

이러한 지하철 노선망 확충과 수도권 인구 증감 추이를 비교해 보자.

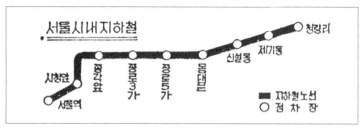

1974년 8월 15일 개통(서울역~청량리)

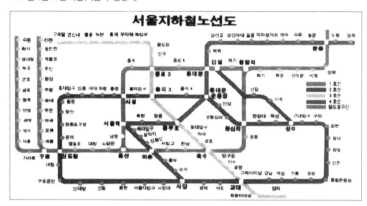

1985년 10월 18일 연장 개통(4호선 상계~사당)

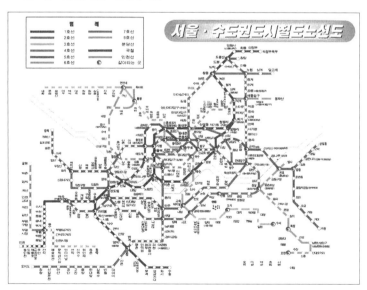

2000년 8월 7일 봉화산역 연장 개통

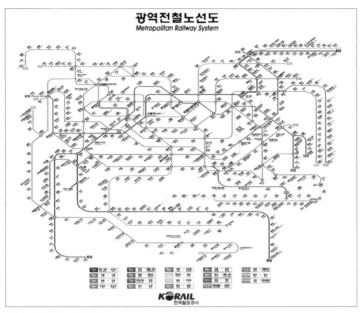

2013년 4월 26일 고진역 개통

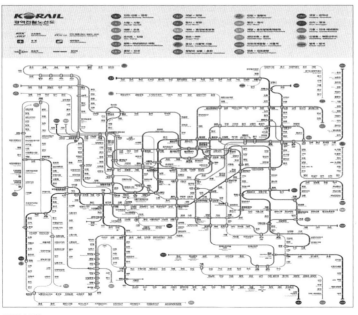

2024년 9월

서울 지하철 노선별 개통 현황

노선	개통 시기	개통 구간
1호선	1974년 8월 15일	서울역~청량리
	2005년 12월 21일	동묘앞역 개통
2호선	1984년 5월 22일	순환선 54.2㎞
	1996년 3월 20일	신정지선(신도림~까치산)
	2005년 10월 20일	용두역 개통
3호선	1985년 10월 18일	구파발~양재
	1990년 7월 13일	구파발~지축, 양재~수서
	2010년 2월 18일	수서~오금
	2024년 말	송파하남선(오금역을 하남시청 인근까지 연장) 기본 계획 확정
4호선	1985년 10월 18일	상계~사당
	1993년 4월 21일	상계~당고개, 사당~남태령
	2022년 3월 19일	진접선 개통 : 당고개~진접
5호선	1995년 11월 15일	강동 구간 : 왕십리~상일동
	1996년 3월 20일	강서 구간 : 방화~까치산
	1996년 3월 30일	거여 구간 : 마천~강동
	1996년 8월 12일	영등포 구간 : 여의도~까치산
	1996년 12월 30일	도심 구간 : 여의도~왕십리
	2020년 8월 8일	하남선 1단계 : 미사~하남풍산
	2021년 3월 27일	하남선 2단계 : 강일, 하남시청~하남검단산
6호선	2000년 8월 7일	상월곡 구간 : 봉화산~상월곡
	2000년 12월 15일	전 구간 개통 : 응암~상월곡
	2001년 3월 9일	미개통 구간 : 이태원~약수
	2019년 12월 21일	신내역 개통
7호선	1996년 10월 11일	강북 구간 : 장암~건대입구
	2000년 2월 29일	남단 구간 : 온수~신풍
	2000년 8월 1일	강남 구간 : 신풍~건대입구
	2012년 10월 27일	연장 구간 : 온수~부평구청
8호선	1996년 11월 23일	성남 구간 : 잠실~모란
	1999년 7월 2일	암사 구간 : 암사~잠실
	2021년 12월 18일	남위래역 개통
	2024년 8월 10일	별내선 개통(암사~별내)
9호선	2009년 7월 24일	강서 구간 : 개화~신논현
	2015년 3월 28일	강남 구간 : 신논현~종합운동장
	2018년 12월 1일	종합운동장~중앙보훈병원
GTX-A	2024년 3월 29일	수서역~동탄역
	2024년 하반기	운정역~서울역(예정)
	2025년 하반기	서울역~수서역(예정)

수도권 일극 우려에도 인구는 더 늘어나

역대 정부에서 서울공화국, 수도권 일극체제 해소를 한결같이 외쳐왔지만, 수도권 집중 현상은 더 심화하고 있음을 알 수 있다. 일자리가 몰린 상태에서 접근성이 좋아지면 더 나은 삶을 추구하는 사람들이 유입되기 마련이다.

서울 인구는 지하철이 개통되기 전인 1970년 말 552만여 명에서 1호선이 개통된 이듬해인 1975년 말 687만여 명으로 25%나 증가하는 등 인구증가율이 1985년까지 전국의 총인구 증가 추이보다 높았다. 그러다 2000년 말에 서울 인구는 전국 총인구 증가에도 불구하고 2010년 말까지 1,000만 명 이하로 떨어지며 감소세로 전환했다.

하지만 경기도와 1981년 경기도에서 분리한 인천시 인구는 이 기간 꾸준히 증가했다. 다시 말해 수도권 전체적으로는 인구 증가 추세가 전국 총인구 증가 추이보다 높았다.

수도권에 일자리가 몰린 상태에서 의식주 못지않게 생활에 중요한 교통수단 부족은 국민들에게 불만일 수밖에 없다.

"밝을 때 퇴근했는데, 밤이야. 저녁이 없어"

2022년 상반기 나왔던 JTBC의 드라마인 '나의 해방일지' 속 등장인물인 염기정이 하는 넋두리다. 서울에서 일하다 해 지기 전에 퇴근했는데 경기도에 있는 집에 오니 저녁이 사라지고 바로 밤이라는 한탄 속에 나온다. 서울로 힘겹게 출퇴근하는 경기 도민의 애환으로 드라마 속 얘기이나, 현실이다.

> 의정부에서 두 딸을 키우는 직장인입니다. 강남과 의정부는 빈부 격차만큼 교통격차도 굉장히 심각합니다. 저랑 제 아내는 모두 강남으로 출퇴근을 하는데 대통령님께서 말씀하신 것처럼 출퇴 근에 두 시간에서 두 시간 반 정도 걸립니다. 어림잡아 계산을 해 보니 1년에 두 달 정도는 길에서 허비하고 있어요. 주 52시간이 시행되면서 '휴식이 있는 삶, 저녁이 있는 삶'을 기대했는데, 저 희 가족의 경우 저녁이 있는 삶은커녕 '아침도 없는 삶'이 지속되 고 있습니다. 아이가 잘 때 출근하고, 잠들었을 때 퇴근하는 경우 가 많아요. 육아는 장모님께서 전담을 해주시는데 죄송한 마음이 크고 회사 주변에 아파트를 구하자니 서울의 높은 집값에 엄두가 나지 않습니다. 저희 가족처럼 경기도에 살며 서울에 출퇴근하는 가족들은 일과 가정을 지키기 위해 아등바등 살고 있습니다. 저 희 같은 가족에게 저녁이 있는 삶을 보장해 주세요[3]

2024년 1월 25일 경기도 의정부시에서 윤석열 대통령이 참 석한 가운데 열린 '국민과 함께하는 민생 토론회 - 출퇴근 30분 시대, 교통격차 해소'에서 나온 한 지역 주민의 하소연이다.

이 주민의 하소연에 윤석열 대통령은 "저녁이 있는 삶을 기 대하기 어려울 뿐 아니라 아침도 없는 삶이라는 말에 정말 정신 바짝 차리고 빠른 속도로 추진해야 되겠다는 결심을 더 강하게 갖게 됩니다."라고 화답했다.

윤석열 대통령은 토론회 모두발언에서도 "전국 대도시권의 평균 출퇴근 소요 시간이 2시간 정도 되고, 특히 경기, 인천에 사시는 분들의 경우 서울 출퇴근에 2시간 반 이상을 쓰고 계신다."며 "하루 2시간만 잡아도 한 달에 20일이면 40시간을 길에서 소비해야 하는 것"이라고 지적했다. 또 "교통만 제대로 갖춰져도 잠을 더 자거나, 자기계발에 더 많은 시간을 쓰거나, 또 무엇보다 가족과 자녀들과 더 많은 시간을 보낼 수 있다."며 "바로 이러한 출퇴근 '교통지옥'을 해결하기 위해서 우리가 함께 머리를 맞대보자고 이렇게 토론회를 마련했다."고 소개했다.

경기도에서 매일 서울로 출퇴근하는 사람들은 약 200만 명으로 추정된다. 고령자들도 아니고 생산가능인구인 젊은 직장인들이 주축이라 이들의 불만을 모르는 체할 수 없다. 따라서 이런 주민들 입장에서 보면 수도권 지하철 노선 연장이나 광역철도망 개통은 이동 불편을 해소할 수 있는 정책이다.

8호선 연장 개통에 남양주는 서울이나 다름없어

국토교통부가 9년간 공을 들인 지하철 8호선의 연장선인 별내선 개통 사례도 보자.[4] 별내선은 2015년 9월 착공해 9년 만인 2024년 8월 10일 개통했다. 사업비로 총 1조 3,806억 원이 들었으며 수도권 동북부지역의 광역교통 개선 대책으로 개통됐다. 수도권 동부지역에는 경기도 구리, 광주, 남양주, 여주, 이천, 하남 등 6개 시와 2개 군(가평, 양평군)이 있다. 신도시, 택지 개발 사업이 본격화되면서 인구가 2010년 162만 명에서 2024년 기준 216만 명으로 55만 명(33%)이 늘었다. 그러나 대중교통 인프라가 제대로 갖춰지지 않아 대중교통 이용률이 39.7%로 수도권에서 가장 낮다. 하지만 별내선 개통으로 기존 경춘선으로는 별내역에서 잠실역까지 46분 정도 걸렸으나 별내선으로는 27분이면 된다.

게다가 수도권 통합요금제가 적용돼 서울 지하철과 수도권 전철, 시내버스와도 환승이 가능하다. 남양주 주민들로서는 이동에 따른 불편 해소는 물론 교통비도 줄일 수 있으니 경기도 남양주가 아닌 서울시 남양주에 거주하는 것이나 다름없는 셈이다.

GTX 확충, 서울 폭식 가속화

다음은 광역급행철도(GTX)를 보자. GTX는 지하 40m 이상의 대심도를 최대 시속 180㎞로 달리는 고속이동수단이다.

수도권 GTX는 국가가 책임지고 건설하고, 비수도권은 민자유치가 우선이다. 정부에서 수도권에 설치하기로 한 GTX노선은 A노선에서부터 F노선까지 모두 6개 노선이다. 이 중 A노선(경기 파주 운정역~동탄역 간 82.1㎞)의 수서~동탄역 28.3㎞구간에서 2024년 3월말에 운행을 시작했다. 이로 인해 70분(승용차)~90분(버스) 걸리던 서울로의 출퇴근 시간이 19분으로 단축됐다. 시간 단축 효과만큼 이용요금 부담 증가가 당연하나 정부는 대중교통 이용 할인카드인 K-패스를 이용한 환급, 통합 환승 할인, 주말 할인 등의 방안을 마련해 경제적 부담도 덜어주었다. 이를 위해 정부, 수도권 3개 지자체와 한국철도공사, SG레일이 협의했다. 이 GTX를 이용할 경기 남부권에 사는 주민들로서는 특별 대우를 받는 셈이다.

이 노선의 나머지 운정~서울역 구간은 2024년 하반기에, 서울시가 위탁받아 건설 중인 삼성역의 GTX-A 정거장은 2028년 완공된다. 이때 비로소 전 구간 개통이 완료된다. 부분 개통됐지만 GTX-A 노선의 핵심 정차역인 삼성역 개통 지연으로 이용객은 기대 이하다. 그러나 삼성역이 개통되면 수도권 남부권의 주민들로서는 출퇴근 시간을 줄임으로써 종전보다는 저녁이 있는 삶을 가질 가능성이 높아질 것이다.

GTX-B는 인천대입구를 출발하여 서울역, 청량리를 거쳐 마석까지 운행하는 82.8㎞ 노선이다. 2024년 착공, 2030년 개통이 목표다. 총 14개 역사에 정차할 계획이다. 인천 송도와 남양주 마석에서 서울 중심지까지 30분 이내 접근이 가능하며, GTX-B 시종점 기준 통행시간이 60%(90분) 단축될 것으로 예상된다.

GTX-C는 덕정을 출발하여 삼성을 거쳐 상록수와 수원으로 연결되는 86.6㎞ 노선이다. 역시 2024년 착공에 들어가 2028년 개통을 목표로 하고 있다. 총 14개 역사에 정차하게 되며, 모든 역에서 지하철과 환승할 수 있게 되어 있다. 양주시 덕정과 수원에서 삼성역까지 30분 이내 도달할 수 있으며, 기존 지하철과 비교해서 60% 이상의 시간 단축 효과가 예상된다.

GTX가 모두 개통되면 출퇴근 시간은 줄어들 것이다. 하지만

GTX 노선망을 늘리면 늘릴수록 서울 집중 현상은 더 심화될 것이다. 삶의 터전인 일자리와 돈벌이 수단이 서울에 쏠려 있는 한, 이동 시간은 줄일 수 있는지 모르나 서울 폭식 현상은 해소하지 못한다.

다음은 고속철도가 수도권 집중에 미치는 영향이다.

1.4 서울 블랙홀 가속화하는 SRT

"서울 수서역이 기·종착지인 SRT역은 두세달 전에 기차표를 예매하지 않으면 이용할 수 없어요. 비수도권에서 삼성서울병원이나 대치동 학원을 이용하는 사람들이 너무 많아요. 동대구역에서도 두세달 전에 예약을 한다고 합니다."

지인이 들려준 말이다. SRT(Super Rapid Train) 개통으로 지방민들의 서울행 수요가 얼마나 폭발적으로 늘었는지를 보여준다.

서울에서 가장 먼 부산에서 출발하더라도 2시간 30분이면 SRT수서역에 도착한다. 수서역 3번 출구를 나오면 30분 간격으로 삼성서울병원과 강남세브란스병원을 오가는 셔틀버스가 있다. 15분이면 강남세브란스병원에 도착한다.

이처럼 SRT는 병원 접근성이 좋아 예매하지 않으면 이용이 어려울 정도로 인기 있다. 'Samsung Rapid Train'이라는 얘기가 있을 정도다. 지방 거주민들 가운데에는 지방 병의원에서 수술이 어렵거나, 수술이 가능하더라도 비수도권 의사보다 임상 경험이 많은 서울 의사를 선호하는 사람들이 많다. 이들은 숙박비나 음식값 같은 추가 비용을 감수하면서도 서울로 진료를 받으러 가는 경우가 적지 않다.

SRT는 강남의 대형 병원을 찾는 사람들만 이용하는 게 아니다. 대입 수능 준비생들도 SRT의 단골손님들이다. 매 주말이면 강남의 대치동 학원가 일대는 기존의 서울권 학원생들뿐만 아니라 지방에서 올라온 학원생들로 꽉 찬다. 밤이면 학원생을 실어 나르는 도로를 가득 메운 차량 때문에 지역 교통경찰관들이 분주하다.

SRT 운행으로 지방 학생들의 서울 강남권 학원 이용이 쉬워지면서 학생들의 사교육 접근성은 제고됐는지 모르겠으나 지역 균형발전은 그만큼 멀어진 셈이다.

이러한 현상은 단순히 현대의 문제만은 아니다. 사람은 태어나면 서울로 보내고, 말은 제주도로 보내라는 옛말이 있다. 정확히 언제부터 이 말이 회자되기 시작한 것인지는 알 수 없으나 대략 중앙집권체제가 갖춰진 조선시대로 추정되고 있다.

'인서울' 원조는 정약용

조선왕조는 1392년 개국 초기만 하더라도 한양이 아닌 지방의 양반들도 권력을 누리며 사는 데 문제가 없었다. 하지만 시간이 갈수록 지방에서 출세할 기회가 제한되면서 어릴 때부터 한양 입성을 노리는 문화가 형성된 것으로 추정된다.

지방자치단체장들의 필독서라는 목민심서를 지은 다산 정약용의 경우를 보자. 그는 조선 중기, 왕에게 버림받으면서 8년간 전라도에서 유배생활을 했다. 당시 유배지에서 아들들에게 보낸 편지에서 절대 한양의 사대문 안을 떠나지 말 것을 당부한다. 요즘 말로 하면 '인서울'을 강조한 것이다. 하지만 유감스럽게도 그의 자식들은 인서울을 하지 못했다.

정약용이 자식들에게 한양에서 벗어나지 말 것을 강조한 것은 그만큼 한양의 부가가치가 다른 지역보다 높았기 때문이다. 한양은 조선왕조시대 최고 실력자인 임금이 있는 곳이었다. 자연스럽게 돈과 사람이 한양으로 모이게 되는 만큼 성공할 가능성이 다른 지역에 비해 월등히 높았던 것이다.

지금은 왕조시대가 아닌 민주공화국시대이다. 정보통신기술의 발달로 굳이 서울에 있지 않더라도 본인의 노력 여하에 따라서는 지방에서도 출세할 길이 많아 보인다.

하지만 실상은 그렇지 않다. 고등학교까지는 지역에서 다닌다고 하더라도 대학은 인서울하지 않으면 사회생활이 힘들게 되어 있다. 젊은이들이 선호하는 상대적으로 양질의 일자리는 모두 서울에 몰려 있다. 서울을 비롯한 수도권으로 사람들이 몰리는 이유를 해소하지 않고서는 지역 균형발전은 언감생심이다.

정기성, 홍사흠(2019)[5]은 수도권 인구 집중의 공간적 인과관계를 규명하는 연구에서 고용기회를 찾아 수도권으로 이동하는 현상이 뚜렷하며, 특히 호남권, 제주 및 대도시지역 청년 1인 가구 계층에서 이런 현상이 확인되었다고 보고한 바 있다. 이를 토대로 비수도권 지역의 청년 계층 유출을 줄이고 지역의 특화된 역량을 강화하기 위해 전국 10개 혁신도시 정책을 통한 주요 사업별 양질의 일자리 창출 방안 모색을 제언한다.

윤석열 대통령이 지방시대 구현을 6대 국정과제의 하나로 삼은 것은 서울 중심의 사고가 여전히 우리 사회를 지배하고 있음을 역설적으로 보여주는 방증이기도 하다. 대통령 말대로 전국 어디서나 살기 좋은 대한민국이라면 조선시대 정약용처럼 아이를 서울로 보낼 일이 사라져야 한다.

그러나 자유민주주의시대인 지금도 수도권에 자원이 쏠리면서 지방은 자원 부족과 인구 감소로 심각한 위기에 처해 있다. 이런 현상은 의료분야에서 여실히 드러난다.

1.5 무너진 지역 의료

국토연구원이 2022년 발표한 '지역 간 삶의 질 격차 : 문화·보건·교육' 자료에 따르면 2020년 우리나라의 시도별 의료접근성은 서울 및 광역시(광주, 부산, 대전 등)가 우수한 반면, 도지역과 농촌지역은 매우 낮아 격차가 뚜렷하다. 응급실 이용 인구 만 명 당 도착 이전 사망 환자 수는 충북이 만 명당 80명으로 가장 높았으며, 세종의 경우가 만 명당 3명으로 가장 낮았다.

정부가 2024년 2월에 의대 입학 2,000명 증원책을 들고 나온 건 이러한 지역 간 의료 격차 해소를 위한 것이었다. '응급실 뺑뺑이', '소아과 오픈런' 등으로 필수 의료가 붕괴되고 지역 간 의료 격차가 심화되며 지방에서 KTX를 타고 수도권 병원을 방문하는 일이 많아지면서 정부가 마련한 의료 개혁 정책이었

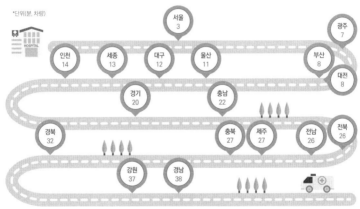

시·도별 의료접근성(2020년)

*단위(분, 차량)

서울 3	광주 7
인천 14	세종 13	대구 12	울산 11	부산 8
	대전 8
경기 20	충남 22
경북 32	충북 27	제주 27	전남 26	전북 26
강원 37	경남 38	

자료_ 국토연구원, 지역 간 삶의 질 격차 : 문화·보건·교육

시·도별 응급실 이용인구 만 명당 응급실 도착 이전 사망 환자 수(2014~2020년)

(단위: 명 / 만명)

○ 최대   전국 평균   ○ 최소

2014	2015	2016	2017	2018	2019	2020(년)
충북	충북	강원	충북	충북	충북	충북
울산	세종	부산	세종	세종	세종	세종

자료_ 국토연구원, 지역 간 삶의 질 격차 : 문화·보건·교육

다. 늘리는 입학 정원의 82%를 비수도권으로 배정하고, 나머지 18%는 경인 지역에 배정해 지역의 의료접근성을 개선하려 했다. 인구의 절반 이상이 몰려있는 수도권 입장에서 보면 수도권 역차별 의료 정책이었지만 국민 대다수는 이러한 정부의 의료 개혁 정책을 지지했다.

2022년 기준 우리나라 인구 1,000명당 임상 의사 수는 2.18명(한의사 포함 2.5명)으로 경제협력개발기구(OECD) 평균 3.7명에 크게 못 미친다. 그런데 지역별로 보면

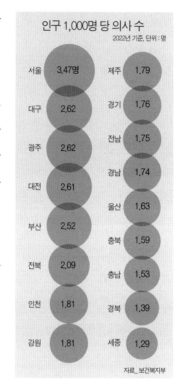

인구 1,000명 당 의사 수
2022년 기준, 단위 : 명

서울 3.47명	제주 1.79
대구 2.62	경기 1.76
광주 2.62	전남 1.75
대전 2.61	경남 1.74
부산 2.52	울산 1.63
전북 2.09	충북 1.59
인천 1.81	충남 1.53
강원 1.81	경북 1.39
	세종 1.29

자료_보건복지부

편차가 심하다. 2022년 기준 서울의 의사 수는 3.47명으로 전국 17개 시도 중 가장 많았다. 4년 전인 2018년에는 3.01명이었다. 반면 11개 시도는 인구 1,000명 당 의사 수가 2명 이하였다. 세종은 1.29명, 경북 1.39명, 충남 1.53명, 충북 1.59명 등이었다.

지방 의사 부족에, 진료는 서울에서

지방의 의사 부족은 서울로의 의료 상경으로 나타난다.

21대 국회 더불어민주당의 김성주 의원실에 따르면 서울 및

수도권 상급종합병원의 비수도권 환자 비율은 지속적으로 늘고 있다. 특히 서울대병원, 서울아산병원, 세브란스병원, 서울성모병원, 삼성서울병원 등 이른바 '빅5 병원'의 경우 외래는 2010~2020년 동안 5.0%p 증가했고, 입원은 5.5%p 증가하는 등 서울 및 수도권 소재 상급종합병원 의료 이용 편중이 심화되고 있었다.

21대 국회 더불어민주당 김원이 의원이 국민건강보험공단에서 제출받은 자료에서도 이런 현상을 확인할 수 있다. 빅5 병원을 찾은 지방 환자 수는 2013년 50만 245명에서 2022년 71만 3,284명으로 42.5% 늘었다.

지역별로는 충남이 9만 5,921명으로 가장 많았다. 이어 경북(8만 2,406명), 강원(7만 1,774명), 충북(7만 627명) 순이었다. 이들이 쓴 의료비는 같은 기간 9,103억 원에서 2조 1,822억 원으로 1.4배 증가했다. 지방 환자들이 늘면서 병원 주변에는 지방 환자들을 겨냥한 환자용 고시텔(환자방), 오피스텔, 호텔들이 생겨났을 정도다. 지방 환자들로서는 치료비는 물론 고향에서 서울로 오갈 때 필요한 교통, 숙박비용까지 경제적 부담은 더 늘어난다.

수도권 소재 상급종합병원의 비수도권 환자 비율(방문일수 기준)

단위 : %

구분		외래			입원		
		'10년	'20년	점유율 증가 ('10→'20 증감)	'10년	'20년	점유율 증가 ('10→'20 증감)
서울상급종합		14.2	18.9	(4.7%p)	23.5	29.6	(6.1%p)
	BIG 5	18.7	23.7	(5.0%p)	30.9	36.4	(5.5%p)
수도권상급종합		12.2	15.4	(3.2%p)	20.2	24.3	(4.1%p)

출처_보건복지부

수도권 진료 폭식, 대형 병원 분원 설립으로 더 늘어날 듯

앞으로 지방의 수도권으로의 의료쇼핑은 더 많아질 전망이다. 빅5 병원에 속하는 서울아산병원, 세브란스병원, 서울대병원을 포함해 가천대, 경희대, 고려대, 아주대, 인하대, 한양대병원 등 대형 병원 9곳에서 2028년까지 수도권에 대형 분원을 총 11개 만들기로 했기 때문이다. 11개 분원의 병상 수는 6,600여 개다. 예정대로 분원이 설립된다면 5년 사이에 기존 수도권 대형 병원의 병상 수(약 3만 개)의 22%가 새로 추가되는 것이다. 입원 가능한 병상 수가 늘면 편리한 교통접근성을 감안했을 때 추가적인 비용을 감내하더라도 이용할 지방 환자들이 늘어날 것이다.

아울러 비수도권에 근무하는 의사나 간호사들도 신설 분

대학병원 수도권 분원 설립 계획 현황

의료기관명	소재지	예정 병상 수	예상 일정
서울대병원	경기 시흥	800개	2027년 개원
서울아산병원	인천 청라	800개	2027년 완공
연세의료원	인천 송도	800개	2026년 완공
가천대길병원	서울 송파	1,000개	2027년 개원
인하대병원	경기 김포	700개	2027년 완공
경희의료원	경기 하남	500개	2027년 완공
아주대의료원	경기 평택	500개	2027년 완공
	경기 파주	500개	2027년 완공
고려대의료원	경기 과천	500개	2027년 개원
	경기 남양주	500개	2027년 개원
한양대의료원	경기 안산	미정	미정
합계		6,600개	

자료_ 국회 보건복지위원회 소속 김원이 더불어민주당 의원실

원으로 몰릴 것이다. 의료계는 11개 분원을 운영하는데 의사 3,000명, 간호사 8,000명 정도가 소요될 것으로 내다본다. 의정갈등으로 새로운 의료 인력 공급이 원활하지 않을 것인 만큼 이 자리들은 지역 병원에 있는 의사나 간호사들로 채워질 가능성이 높다. 이렇게 되면 가뜩이나 열악한 지방의 의료체계는 더 열악해질 가능성이 높다. 정부는 지방 의료 붕괴를 막겠다며 의료 개혁을 추진하고 있다. 하지만 대형 병원의 분원이 수도권에 들어서면 수도권 쏠림 현상은 더 가속화될 수밖에 없을 것이다.

이와 관련하여 의료계 일각에서는 1997년까지 있던 권역별 의료전달체계를 폐지한 것이 문제라고 지적한다. 1989년 전국민의료보험 실시와 함께 도입된 권역별 의료전달체계는 당시 서울, 경기서북부권, 경기남부권, 강원권, 충북권, 충남권, 경북권, 전남권, 전북권, 경남동부권, 경남서부권 등 전국을 권역별로 나눈 뒤, 해당 권역별로 지정된 3차 병원을 이용하는 제도였다. 말하자면 지금처럼 지방 환자들은 삼성병원 등 서울 소재 3차 병원을 외래로 이용할 수 없었다.

시민들의 선택권을 보장한다는 명분 아래 권역별 진료시스템을 폐지했지만 의료전달체계를 근본적으로 파괴했다고 비판한다. 권역별 의료전달체계가 무너지면서 병원 시장에 진출한 재벌 병원은 승승장구했고 지역의 공공의료기관은 환자가 줄면서 진주의료원, 울산의료원 등 지자체에서 운영하던 의료원들은 폐지됐고 환자들도 더 비싼 의료비를 내면서 빅5 병원을 찾게 됐다. 이처럼 권역별 의료전달체계의 붕괴와 수도권 집중화는 지역 의료체계에도 심각한 영향을 미쳤다.

지역 의료망은 붕괴 중

그 결과, 지방 의료는 붕괴 직전이다. 지방에서는 아무리 고액 연봉을 제시하더라도 의사 구하기가 하늘의 별따기만큼 어렵다.

충북 청주의 한 종합병원은 지난 2022년 7월 '닥터매칭'이라는 의사 전문 구인구직 사이트에서 순환기(심장) 전문 봉직의(페이닥터) 초빙 공고를 냈으나 구하지 못했다. 다음해 4월에 1인당 연봉 10억 원이란 파격적인 조건을 내걸고 심장내과 전문의 3명을 구한다는 채용 공고를 의사 전용 인터넷 커뮤니티 등에 기재했다. 숙소도 제공하고 수술, 시술 인센티브와 식대 등도 별도로 지급한다고 공지했지만 아무도 관심을 보이지 않았다. 당초 이 병원은 뇌혈관 및 심혈관 전문병원이었으나 심혈관 전문의가 없어 뇌혈관 전문병원으로만 운영했다고 한다.

해당 병원은 그해 10월에 가서야 심장내과 전문의 3명을 구했다. 낮은 의료서비스 단가(수가), 환자의 생명과 직결되는 분야로 전문의가 부족한 점 그리고 워라밸을 중시하는 젊은 의사들의 성향 등이 복합적으로 작용했을 것이라는 지적들이 있다. 어떤 경우이든 심장 질환을 가진 환자들로서는 이 기간동안 서울로 상경할 수밖에 없는 상황이었다.

경북의 울릉군보건의료원은 2021년에 정형외과와 가정의학과 의사를 채용하기위해 연봉 3억 원을 제시한 공고를 9차례나 올리고 나서야 70세가 넘은 퇴직 의사 두 명을 구할 수 있었다고 한다.

의사의 수도권 편중, 지방 환자들의 상경 등은 수도권 집중의 부작용을 보여주는 사례들이다. 국토 면적의 11.8%에 불과한 수도권에 전체 인구의 절반 이상이 모여 사는 공간 양극화를 방치하면 지방 붕괴는 불 보듯 뻔한 일이다.

다음은 지방 교육의 붕괴 실태를 살펴본다.

1.6 벚꽃 피는 순서대로 문 닫는 지방대

"국립대 총장은 정치인이고 사립대 총장은 사업가다."

연 2,000명씩 의대 정원을 증원한다는 정부 발표에 의료계가 강하게 반발하는 가운데 2,000명 증원을 1,500명 선으로 내리는데 기여한 대학 총장들에게 다시 한 번 더 의정갈등 해소를 주문하는 필자의 2024년 9월 25일자 칼럼 '의정 갈등, 대학 총장들이 다시 나서라'를 소개하는 페이스북 글에 달린 댓글이다. 헌법과 고등교육법이 대학의 자율성을 보장한다고는 하지만 총장님들은 정부 눈치만 보는 처지라 나서지 않을 것이라는 냉소적인 반응이었다.

국립대 총장은 교수, 직원, 학생들의 직접 투표로 선출한다. 그렇기에 선거 과정에서 정치인다운 정무 감각을 보이며 구성원들의 지지를 받는 게 중요하다. 총장이 된 이후에는 대학 운영 과정에서 대학의 자율성 가치보다 정부의 정책을 우선적으로 따를 수밖에 없는 한계가 있다.

사립대 총장도 정부의 입김에서 벗어나 있지 않기는 매한가지다. 하지만 정부 지원을 받는 국립대보다 등록금 수입 등 자체 수입을 중심으로 대학을 꾸려가야 한다. 이 때문에 기부금 유치나 산학협력 강화를 통한 대학 재정 확충에 발 벗고 나서야 한다는 부담감이 크다. 국립이든 사립이든 대학 사회는 정부 눈칫밥을 먹고 산다. 2009년부터 동결시킨 등록금 자율화를 원하지만, 지금까지 제대로 반기를 드는 대학은 나오지 않고 있다.

대학 총장들의 집단 시위

그런데 이처럼 '을'의 위치에 있던 대학 총장들이 단체로 교육부 장관을 찾아가 항의성 시위를 한 사건이 있었다.

지방대학시대를 일관성 있게 실천하라.

2022년 7월 8일 비수도권 대학 총장들이 여의도 한국교육시설안전원으로 들어갈 때 국민에게 공개된 현수막 내용이다. 당시 7개 권역 대학 총장협의회 연합 소속 총장들은 박순애 부총리 겸 교육부 장관과 비공개 간담회를 갖기 위해 이곳을 찾았다. 이틀 전 취임한 신임 교육부 장관을 상대로 대학 총장들이 처우 개선에 분노한 노조원처럼 항의성 시위를 한 것은 매우 이

례적인 일이었다.

　총장들의 집단시위는 정부의 수도권 중심 반도체 정책에 반대한다는 입장 표시였다. 시위가 있기 한 달 전 윤석열 대통령은 국무회의에서 반도체 인재 양성을 위해 수도권 규제 완화 등을 지시했다. 당시 장상훈 교육부 차관이 "수도권 반도체 인력 양성은 수도권 대학 정원 규제 때문에 힘들다."고 말하자 윤 대통령이 "국가 미래가 달려 있는데 무슨 규제 타령이냐."며 강하게 질책했고 이후 여당에서는 수도권 대학의 정원 규제까지 풀어 반도체 인재를 늘리는 방안을 추진하려 했다.

　교육부 장관에게 항의한 대학 총장들은 국립, 사립대 총장들이 모두 포함되어 있었다. 교육부 장관이 교육 정책을 책임진 권력자이지만 대학이 소멸 위기에 처한 상황에서 수도권에 유리한 정책 추진을 곧이곧대로 받아들이기 어려웠던 것이다.

　이런 반발 덕분이었는지 교육부는 이듬해인 2024학년에도 일반 대학 첨단 분야 및 보건의료 분야 정원 조정 결과를 발표하면서 수도권 대학 증원은 최소화하고 비수도권 대학 정원을 더 많이 늘렸다고 했다. 수도권은 10개 대학 19개 학과에서 817명이 증원된다. 수도권 대학 정원은 그동안 구조조정을 한 덕분에 1998년 수도권정비심의위원회에서 정한 정원 총량 규모에 7,000명 정도의 정원 여유가 있다. 첨단 분야 정원 확대로 수도권 대학 정원이 20여 년 만에 늘어나지만, 총량 규모를 넘진 않는다. 비수도권에선 12개 대학 31개 학과의 정원이 1,012명 늘어난다.[6]

　하지만 비수도권 대학 총장들은 입장문을 통해 교육부의 첨단학과 증원 정책이 지역 간 양극화를 불러올 것이라고 우려했다.[7] 이런 문제 제기는 지역 대학의 현실과도 깊은 관련이 있다. 예를 들어, 2004년에 개설한 원광대의 반도체학과는 정원모집 어려움으로 2022년에 폐과했다. 반도체 기업에서는 사람이 부족하다며 난리인데, 현장에서는 정원 미달로 반도체학과가 폐과되는 아이러니한 현실에 대해 원광대 박맹수 총장은 "피눈물이 난다."고 말했다.[8]

지방 대학 구성원들이 피눈물을 쏟은 것은 이뿐만이 아니다.

한국사학진흥재단의 대학 폐교 현황 자료를 보면 2000년 광주예술대 폐교를 시작으로 2024년 강원도 태백의 강원관광대까지 22곳이 문을 닫았다. 서울에 위치한 인제대학원대학교와 경기 광주에 있는 계약신학대학원대학교를 제외한 나머지 폐교 대학들은 모두 비수도권 대학들이다. 신입생 모집난에 따른 적자 운영과 재정 결손 때문에 문을 닫은 경우들이다.

'벚꽃 피는 순서대로 대학이 사라진다.'는 서글픈 얘기가 현실화되고 있다. 그리고 이런 현상은 앞으로 더 가속화될 전망이다. 2024학년도 대입 정시 모집에서 경쟁률 미달을 기록한 대학은 35개교였는데 이 중 34개교가 지방 소재 대학이었다. 광주 6곳, 충남 5곳, 전북, 경북, 충북 각 4곳이었다. 서울대학교 사회발전연구소와 한국보건사회연구원이 2021년 말에 발표한 자료에 따르면, 우리나라의 385개 대학 중 49.4%인 190개의 대학만이 2042년부터 2046년까지 학령 인구 감소로 인해 존속될 것으로 예상되며, 나머지 195개는 사라질 것으로 예측된다.

한국경제연구원이 양정호 성균관대 교육학과 교수에게 의뢰한 '지역인재육성과 경제활성화를 위한 지방대학 발전 방안 보고서'는 '출생아 수 25만 명·대학입학정원 47만 명(2022년 기준)'이 유지될 경우, 2040년 초에는 50% 이상의 대학이 신입생을 채울 수 없을 것으로 전망했다.

전국 대학의 폐교 현황

구분	학교명(법인명)	폐교년도	지역 (본교기준)
대학	광주예술대학교(하남학원)	2000	전남 나주
	아시아대학교(아시아교육재단)	2008	경북 경산
	명신대학교(신명학원)	2012	전남 순천
	선교청대학교(대정학원)	2012	충남 천안
	건동대학교(백암교육재단)	2013	경북 안동
	경북외국어대학교(경북외국어대학교)	2013	대구
	한중대학교(광희학원)	2018	강원 동해
	대구외국어대학교(경북교육재단)	2018	경북 경산
	서남대학교(서남학원)	2018	전북 남원
	한려대학교(서호학원)	2022	전남 광양
	한국국제대학교(일선학원)	2023	경남 진주
전문대학	성화대학교(세림학원)	2012	전남 강진
	벽성대학교(충렬학원)	2014	전북 김제
	대구미래대학교(애광학원)	2018	경북 경산
	동부산대학교(설봉학원)	2020	부산
	서해대학교(군산기독학원)	2021	전북 군산
	강원관광대학교(분진학원)	2024	강원 태백
대학원대학	국제문화대학원대학교(국제문화대학원)	2014	충남 청양
	인제대학원대학교(인제학원)	2015	서울
	계약신학대학원대학교(계약학원)	2023	경기 광주
각종학교	개혁신학교(개혁신학원)	2008	충북 음성
	한민학교(한민족학원)	2013	충남 논산

자료_ 한국사학진흥재단, 대학 폐교 현황, 2024.7.31 기준

대학이 문을 닫으면 지역 사회도 영향을 받는다. 지역의 상권은 무너지고 지역인재를 활용하던 기업들도 어려움에 봉착하게 된다.

가장 큰 문제는 지역소멸 위기에 내몰린다는 점이다.

2018년 서남대가 문을 닫으면서 남원시는 연간 최대 344억 원의 지역 소득이 줄었다고 한다. 지역 상가 40개 중 35개소가 폐업하고, 원룸 58개소 중 30개소가 완전 폐업하며 지역이 슬럼화됐다.[9]

이처럼 대학의 폐교는 지역 경제와 사회에 큰 영향을 미친다. 이를 해결하기 위해 균형발전이라는 기치 아래 공공기관들을 지역으로 분산시키고 지역인재 전형을 도입하는 등의 정책이 시행됐다. 하지만 이런 노력에도 불구하고 그 효과는 기대 이하다.

헌법 31조에서는 국민이라면 누구나 태어난 지역과 성별 등에 관계없이 균등한 교육의 기회를 제공받을 권리를 지닌다고 선언하고 있다. 하지만 현실은 다르다. 거주하는 지역이나 부모의 소득 수준에 따라 교육의 기회는 물론 교육의 질이 달라진다.

해마다 나오는 사교육 통계는 도시지역과 농어촌지역 학생 간 교육격차가 갈수록 심화되고 있음을 보여준다. 무엇보다 대도시지역과 농어촌지역 간 교육 시설과 교사의 질적 차이가 있다. 이로 인해 농어촌지역 학생들은 상대적으로 충분히 교육받을 기회가 부족해 도시 학생들과의 학력 격차가 심화되고 있다. 이러한 불균형은 결과적으로 교육 격차를 넘어 지역 간 불균형으로 이어지며 지역소멸도 부채질한다. 지방도시들은 이 같은 교육 격차와 인구 유출이 맞물리면서 심각한 위기에 처해 있다.

다음으로 살펴볼 부산의 사례는 지역소멸 위기가 현실화된 대표적인 경우라고 할 수 있다.

1.7 노인과 바다의 도시, 부산

헤밍웨이가 쓴 '노인과 바다'라는 소설이 있다. 1952년에 출판돼 1954년에 헤밍웨이에게 노벨문학상을 안겨 준 작품이다.

허름한 판자촌에 살면서 고기잡이를 천직으로 여기는 산티아고라는 늙은 어부가 있다. 그의 물고기 잡는 실력은 신통찮지만 물고기를 잡겠다는 의지만은 대단해 약 두 달 만에 이름 모를 거대한 물고기를 보게 되고 온 힘을 다해 잡는데 성공한다. 산티아고는 큰 물고기를 잡은 뿌듯함에 의기양양하게 뱃머리를 집으로 돌린다. 그런데 물고기에서 나오는 피 냄새를 맡았는지 상어떼가 달려든다. 낚시대 등으로 상어떼에 맞서 싸웠지만 마을로 돌아왔을 때 잡은 물고기는 뼈만 남게 된다. 산티아고는 허탈해하지만 주변 사람들은 대단한 일을 했다며 그를 위로한다.

'노인과 바다'는 얼핏 보면 물고기는 잡았지만 결국 상어떼로 상징되는 자연의 위력에 무너지는 인간의 나약한 모습을 보여주는 허무주의를 드러낸 것으로 볼 수 있다. 하지만 작가가 독자들에게 전하려는 진짜 메시지는 나약한 인간이지만 자연의 위협에 굴하지 않고 맞서 싸우다 상처뿐인 영광이라는 결과를 얻게 된다고 하더라도 끝까지 포기하지 않고 사투를 벌이는 그 과정을 더 소중히 여겨야 한다는 점에 있다고 본다.

노인은 물고기와 사투할 때 예전의 팔씨름하던 자신의 모습을 떠올린다. 거대한 물고기와의 싸움이 벅차지만 팔씨름할 때처럼 승부를 외면하지 않는 불굴의 의지를 보인다.

노인이 사자 꿈을 반복적으로 꾸는 장면도 있다. 사자는 위대함의 상징이다. 다 쓰러져가는 판자촌이나 앙상한 물고기 뼈는 사자 같은 기상을 지닌 노인의 사투에 따른 보상치고는 초라하다. 하지만 노인을 존경하는 사람들이 있다는 건 결과 중심의 세상살이보다 과정에 충실한 삶에 대한 가치가 더 의미 있음을 보여주는 것이 아닌가 한다.

산티아고처럼 부산도 위기 극복해야

부산도 산티아고처럼 활력이 떨어진 도시다. '노인과 바다의 도시'라는 조롱을 받을 정도다. 이는 청년(19~34세)은 수도권 등 다른 지역으로 빠져나가고 65세 이상 노인만 남았다는 뜻이다. 전체 인구의 20% 이상이 65세 이상이면 초고령사회로 분류한다. 부산은 2021년에 전국 7개 대도시 중 처음으로 초고령사회로 진입했으며 2024년 3월 기준으로 그 비율이 23%로 더 증가한 상태다. 사람은 줄었지만 바다 등 좋은 자연 경관은 그대로 있으니 은퇴자들이 더 편하게 쉴 수 있는 실버도시로 가꾸자는 얘기도 나온다.

　노인만 남은 도시에서 활력을 기대하기 어려울 것이다. 그러나 산티아고가 포기하지 않고 싸우듯 부산도 스스로 일어서 중앙과의 사투를 포기하지 말아야 한다.

　부산은 2010년대만 초반까지만 하더라도 명실상부한 우리나라 제2의 도시였다. 인구 기준이든 경제 지표 기준이든 서울에 이은 제2의 도시였다. 하지만 지금은 인천과 제2 도시 지위를 두고 다투는 실정이다. 인구 기준으로는 부산이 2024년 6월 기준 340만 명으로 제2 도시 지위를 유지하고 있다. 인천은 300만 명이다. 하지만 인천의 성장세를 감안하면 인천이 인구 기준으로 제2 도시가 되는 건 시간문제다. 통계청의 장래인구 추계를 보면, 2035년 인천의 인구는 296만 7,000명으로 부산 인구(295만 9,000명)를 넘어설 것으로 예상된다. 감사원이 2021년 8월 발표한 인구 역전 시기인 2047년보다 12년이나 빠른 전망이다.

　지역내총생산 기준으로는 인천이 제2의 도시다. 지역내총생산은 1년간 지역에서 생산된 상품과 서비스의 가치를 시장가격으로 평가한 수치다. 부산이 초고령사회로 진입한 2021년부터 인천이 2년 연속 부산을 앞지르고 있다. 인천은 2017년에도 이미 부산을 뛰어넘은 바 있다. 지역내총생산이 높으면 그 지역의 재정자립도가 높다는 것을 뜻하며, 그 반대는 재정자립도가 낮아 중앙정부의 지원이 필요하다는 것을 의미한다.

부산 발전 전략, 기대 이하 성과

부산의 제2 도시 위상이 흔들리는 건 그동안의 정부나 지자체의 지역 발전 전략이 기대만큼 성과를 내지 못하고 있다는 방증이기도 하다.

'크고 강한 부산'. 2010년 민선 5기 허남식 부산시장의 시정 목표였다. '큰 부산'은 명실상부한 국가 남부권 중추도시로서 세계도시와 견줄 만큼 큰 부산을, '강한 부산'은 경제부터 강하면서 세계 수준의 복지, 문화, 환경을 다듬어 삶의 질이 높은 도시를 만들겠다는 것이다. 이를 달성하기 위해 5가지 세부 목표도 정했다. 풍요로운 신경제, 사람 중심 창조도시, 함께하는 선진복지, 매력 있는 생활문화, 글로벌 일류 부산이다.

2022년부터 부산 시정을 책임지고 있는 박형준 부산시장은 여기서 더 나아가 '글로벌 허브도시'를 꿈꾸고 있다. 부산시는 2024년 시정 업무 계획을 통해 경제 혁신·성장 거점도시, 시민 안전환경도시, 지속가능 균형발전도시, 문화·관광·복지도시, 시민행복 시정 구현 등 5대 분야에 집중해 글로벌 허브도시의 기반을 탄탄히 조성하겠다고 시민들에게 밝혔다.

유일한 소멸 위기 광역시, 부산

하지만 이런 다짐에도 불구하고 부산은 갈수록 왜소화되고 있다. 17개 광역지자체 가운데 가장 빨리 늙어가는 도시가 됐다. 고용정보원에서 통계청 자료를 이용해 광역, 기초지자체의 고령화 정도와 속도를 분석한 결과, 2015년부터 2022년까지 전국 65세 이상 고령인구 비율은 연평균 0.677%p씩 높아졌다. 광역지자체 중에서는 부산이 이 기간동안 0.968%p 증가해 가장 고령화 속도가 빨랐다.[10] 부산 다음으로 고령화 속도가 빠른 지역은 울산 0.839%p, 대구 0.807%p, 강원 0.791%p, 경북 0.789%p, 경남 0.774%p 순이다. 노인 인구 비율이 줄어든 곳은 세종(-0.04%p) 뿐이다. 정부 부처가 세종으로 이전하면서 청년층이 유입됐기 때문이다.

이와 함께 2024년 3월 기준 부산은 17개 광역시도 가운데 소멸위험지역으로 분류된 7곳 가운데 유일한 광역시다.[11] 한국고용정보원에서 통계청 주민등록인구 통계를 이용해 2024년 3월 기준 소멸위험지역 현황을 분석한 결과다. 20~39세(임신, 출산 적령기) 여성 인구수를 65살 이상 인구수로 나눈 '소멸위험지수'가 0.5 미만이면 소멸위험지역으로 분류하는데 부산은 이 값이 0.490이었다. 이 지수가 낮을수록 소멸위험은 커진다. 전국 평균이 0.615인 가운데 세종(1.113), 서울(0.819), 경기(0.781), 인천(0.735)은 평균치 이상이었다.

부산과 인천의 차이

부산과 인천은 똑같이 바다를 접하고 있다. 두 도시의 단체장들이 지역 발전에 열심인 것도 마찬가지다. 하지만 입지 조건은 다르다. 인천은 부산과 달리 수도권이라는 이점을 갖고 있다. 대한민국의 관문인 인천국제공항에다 송도신도시 건설로 도시 성장이 가파르다. 앞으로 부산과의 격차는 더 벌어질 전망이다.

부산은 한국전쟁 당시 3년간 임시수도 역할을 했다. 국가비상사태에서 국가 재건의 토대를 마련한 정치적 위상에도 불구하고 쇠락의 길만 걷고 있다는 건 안타까운 일이다. 비수도권 지역민들의 눈에 인천특별시의 부상은 인천을 '대한민국 서울특별시 인천특별구'로 불러도 무방할 정도로 수도권 쏠림에 따른 부수적 효과라며 애써 자위할 수밖에 없는 게 현실같아 안타깝다.

부산이 스스로 일어서려면 지리적 이점을 최대한 살려야 한다. 우리나라는 육지보다 4.5배나 넓은 해양영토를 가지고 있다. 사이버외교사절단 반크(VANK)에 따르면 삼면이 바다로 둘러싼 대한민국의 해양영토의 총면적은 한반도 남부로만 국한해도 44만 3,838㎢로 육지 면적(약 10만㎢)의 4.5배이다. 그렇기에 부산이 세계 6위의 컨테이너 처리량을 가진 항구도시로서 해양영토를 활용하면 지역 경제를 활성화하고 국가경쟁력도 제고할 수 있을 것이다.

큰 배는 태풍이 오면 항구 내에 정박해 있지 않고 오히려 넓은 바다로 나간다. 좁은 항구에 있다가 좌초하거나 선박끼리 부딪쳐 사고가 날 수 있기 때문이다. 큰 배가 넓은 바다에서 파도를 타면서 자연의 위협을 피하듯, 부산은 해양산업에서 경쟁력을 키워야 한다.

지금까지 판교라인, 기흥라인, 의대라인 등 수도권 폭식 현상의 단면들을 살펴봤다. 그렇다면 정부는 이러한 폭식 현상을 그저 방치해 왔던 것일까? 이를 외면하지 않고 나름대로 개선하려고 노력했다고 보는 것이 상식적인 일일 것이다.

이제부터는 역대 정부가 추진한 균형발전 정책의 성과와 그 한계를 혁신도시 사례를 통해 짚어보겠다. 아울러 이러한 한계 속에서 지방의 생존을 위한 몸부림도 살펴보겠다. 이를 통해 1960년대 이후 누적된 수도권 집중의 부작용이 어떻게 폭식과 지방소멸로 이어졌는지 그리고 국가소멸 위기라는 위기로도 이어질 수 있음을 알 수 있을 것이다.

1.8 혁신도시의 저주

혁신도시 사업은 노무현 정부 시절인 2003년 6월 국가 균형발전을 위한 공공기관 지방 이전 추진 정책 발표로 본격화됐다. 서울에서 옮겨오는 공공기관들을 중심으로 관련 산업과 대학, 연구소 등을 유치해 지역 발전의 촉매제로 삼으려 했다. 2007년 1월에 공공기관 지방 이전에 따른 혁신도시 건설 및 지원에 관한 특별법을 제정하고 2012년에 10개 혁신도시로 이전을 개시해 2019년 말 공공기관 지방 이전을 끝마쳤다. 2020년 10월에 대전, 충남혁신도시를 추가 지정했다.

각 혁신도시 별 이전 현황은 다음의 표를 보면 된다.

혁신도시별 공공기관 이전 현황

지역	이전기관				
	이전 현황 (2023년 6월)	주민등록 인구 (2023년 6월)	지방세 납부 (2023년 6월)	교통여건	정주여건 만족도 (2022년 조사) 전국 평균 69.0점
광주· 전남	한국전력공사, 한국전력거래소, 농어촌공사, 한국콘텐츠진흥원, 사립학교교직원 연금공단 등 16개 기관				
	7,698명	16,676세대 39,459명 전입	17,562백만 원 징수	나주역 정차 고속열차 23회 (서울)	68.0점
부산	한국해양수산개발원, 주택도시보증공사, 한국자산관리공사, 한국주택금융공사, 한국남부발전, 영화진흥위원회 등 13개 기관				
	3,472명	2,422세대 7,196명 전입	36,976백만 원 징수	부산역 정차 고속열차 115회 (서울)	75.0점
대구	신용보증기금, 중앙교육연수원, 한국가스공사, 한국부동산원 등 10개 기관				
	3,409명	8,680세대 18,207명 전입	9,664백만 원 징수	동대구역 정차 고속열차 140회 (서울)	65.7점
울산	한국동서발전, 한국석유공사, 근로복지공단, 한국산업인력공단, 한국에너지공단 등 9개 기관				
	3,996명	7,456세대 19,916명 전입	15,695백만 원	울산역 정차 고속열차 63회 (서울)	72.2점
강원	한국석탄공사, 국민건강보험공단, 건강보험심사평가원, 대한적십자사, 국립과학 수사연구원, 한국관광공사, 국립공원공단, 한국지방행정연구원 등 11개 기관				
	6,903명	12,378세대 28,861명 전입	25,926백만 원 징수	만종역 정차 고속열차 22회 (서울)	69.2점
충북	정보통신산업진흥원, 정보통신정책연구원, 국가공무원인재개발원, 법무연수원, 한국교육개발원, 한국소비자원, 한국가스안전공사, 한국고용정보원 등 11개 기관				
	3,687명	12,490세대 30,915명 전입	29,300백만 원 징수	오송역 정차 고속열차 103회 (서울)	66.0점
전북	농촌진흥청, 한국전기안전공사, 국민연금공단, 지방자치인재개발원 등 12개 기관				
	5,801명	13,837세대 28,863명 전입	11,593백만 원	익산역 정차 고속열차 55회 (서울)	68.5점

	한국도로공사, 한국교통안전공단, 대한법률구조공단, 한국전력기술 등 11개 기관				
경북	4,714명	9,491세대 23,475명 전입	16,531백만 원	김천구미역 고속열차 41회 (서울)	68.7점
	한국토지주택공사, 한국남동발전, 국토안전관리원, 중소벤처기업진흥공단 등 11개 기관				
경남	4,805명	12,625세대 33,756명 전입	46,469백만 원	진주역 정차 고속열차 10회 (서울)	71.0점
	공무원연금공단, 국세청국세상담센터, 국립기상과학원, 한국지능정보사회진흥원 등 7개 기관				
제주	816명	1,998세대 4,893명 전입	1,346백만 원	시내버스 24개 노선 642회 운행	67.0점

그런데 지역 균형발전을 명분으로 내건 혁신도시 사업은 추진 과정에서 찬반 논란이 거셌다. "나라를 망치는 일"이라는 반론과 "지역 균형발전을 위한 초석이 될 것"이라는 옹호론이 맞붙었다.

국민연금공단 유치전

이런 논란의 중심에 있던 대표적인 공공기관이 국민연금공단이다. 국민연금공단은 당초 경남 진주로 이전할 예정이었다. 그런데 전주로 이전할 예정이던 토지공사와 진주로 갈 예정이던 주택공사가 LH로 합쳐지고 경남 진주로 이전이 최종 결정되면서 국민연금공단의 전주 이전이 정해졌다. 당시 전북에서는 혁신도시를 반납하겠다며 강하게 반발했다. 지방세수 차이 때문이었다. LH 이전으로 진주는 연 262억 원 정도의 세수가 늘지만, 국민연금공단이 이전하는 전주에는 고작 6억 7,000만 원의 세수만 증대되어서다. 하지만 노무현 정부의 결정은 번복되지 않았고 국민연금공단은 2017년에 서울에서 전주혁신도시로 옮겨 갔다. 그러다 2023년 3월 기금운용본부의 서울 이전설이 불거졌다.

당시 일부 언론에서 윤석열 대통령이 기금운용본부 이전을 적극 검토하라고 지시한 것으로 보도됐으나, 전북과 보건복지부는 모두 사실이 아니라고 해명했다.

이런 소동은 수익률 저하에서 비롯됐다. 2022년 국민연금의 기금운용 수익률은 -8.22%로 운용 손실 규모가 79조 6,000억 원이었다. 국내주식(-22.8%), 해외주식(-12.3%), 국내채권(-5.6%), 해외채권(-4.9%) 등 일제히 손실을 냈다. 그리고 이런 수익률 하락은 우수한 운용 인력의 잦은 이직 때문이니 기금운용본부를 서울로 다시 이전해야 한다는 주장이 뒤따랐다.

보건복지부에 따르면 2017년부터 2022년까지 6년간 국민연금을 떠난 운용역은 164명이다. 매년 27명 꼴로 나갔다. 현재 운용역 319명의 절반 이상이다. 기금운용직 정원(380명)에 모자란다. 이탈자 중에 경험 많은 간부급들이 많이 포함돼 국민연금의 기금운용 수익률이 형편없다는 것이다.

하지만 기금운용본부 근무지와 수익률은 상관관계가 없다. 2023년 국민연금의 기금운용 수익률은 13.59%로 기금운용본부 설립(1999년) 이래 가장 높았다. 전년보다 145조 원이 늘어나 기금의 순자산 규모는 1,035조 원이었다. 기금운용본부 대외협력단은 2022년의 수익률 하락에 대해 우크라이나 전쟁 등의 여파로 세계 금융시장이 얼어붙으면서 생긴 불가피한 일로 설명한다. 이뿐만 아니라 2019년에는 당시 역대 최고 수익률인 11.31%를, 2020년엔 9.7%, 2021년엔 10.77% 등으로 3년 연속 10% 안팎의 수익률을 보여 기금운용본부의 전주 이전 직전 3년 동안의 수익률 평균인 4.9%보다 두 배가량 높았다.

기금운용역의 퇴사율도 민간 기업의 퇴사율보다 낮다. 2018년부터 2021년까지 국민연금 기금운용역의 퇴사율 평균은 10.6%인 반면 시장 퇴사율 평균은 17.3%로 국민연금 기금운용역의 이직률이 시장보다 더 낮다는 것이다.

소 냄새, 돼지 우리 냄새나요

기금운용본부의 서울 재이전설은 서울의 지방 기피 현상의 방증이다. 국민연금은 1,000조 원 규모의 기금으로 세계 3대 연기금의 하나이다. 그런데 국민연금의 본사가 있는 곳은 수도 서울의 금융중심지인 여의도가 아니다. 전북의 중심도시이자 인구 65만 명의 중소도시인 전주에 있다. 전주 또한 다른 지방도시처럼 쇠락에서 벗어나 있지 않다. 젊은이들은 백화점도 찾지만 코스트코, 스타필드, 이케아 같은 대형 유통시설도 원하는데 전주에는 없다. 서울에서 잘 근무하고 있는데 회사가 중소도시로 옮기면서 문화생활이 가능한 인프라가 부족하다고 느껴 정서적 거부감이 작동한 것이다.

이런 거부감은 당시 KBS 노동조합의 성명서나 윤준병 국회

의원 성명서에 고스란히 담겨 있다.

제 친구 중에도 운용역(자금담당인력)으로 있다가 도저히 못 살겠다, 여기 소 냄새 난다 돼지 우리 냄새 난다 (웃음) 그러면서 올라온 친구도 있어요. 실제로 여기 개인에게는 굉장한 고통입니다. 근데 그러면 지방은 이런 종류의 고부가가치산업은 절대로 못 가지느냐 이런 건 다 서울만 가져야 되느냐 이런 얘기가 될 수도 있습니다.

본인은 전주에 거주하는 청취자이다. '원탁의 기자들 K'에 KBS 기자가 출연해 국민연금공단의 전주 이전 이후 고급 인력이 유출되는 문제에 대한 이야기를 나눴다. 그런데 한 기자가 전주에 소 냄새 난다. 돼지 우리 냄새 난다고 발언해서 전주 시민으로서 불쾌했다. 특정 지역 청취자들이 들었을 때 불편할 수 있는 발언은 주의해 주기 바란다.

위 글들은 KBS 노조가 2023년 3월 8일에 발표한 '소 냄새, 돼지 우리 냄새? 지역 비하 발언한 KBS 기자, 강력 징계하라!'라는 성명서에 나온 내용 중 일부이다. 앞에 글은 3월 7일 KBS 1라디오의 프로그램인 '성공예감 김방희입니다 - 원탁의 기자들 K'에 출연했던 KBS 기자의 발언 내용이고, 다음 글은 이를 들은 청취자가 KBS에 보낸 시청자 의견이다.

이 소식에 당시 더불어민주당 윤준병 국회의원(전북 정읍·고창)은 "전북과 전주를 국민연금공단 기금운용본부가 있어서는 안 되는 한낱 시골로 폄훼한 KBS 기자와 논란이 촉발되자 별도의 사과나 성명도 없이 슬그머니 해당 방송분의 다시듣기만 삭제한 KBS에 분노를 금할 수 없다."고 성토했다.

국민연금공단 측도 인력 유출을 방지하기 위해 다양한 보완책을 시행 중이다. 기금운용역들의 업무 편의를 위해 서울 강남구 신사동의 국민연금공단 서울남부지역본부에 30명 정도가 일할 수 있는 스마트워크센터를 마련했다. 민간 투자회사와의 업무협의가 많은 기금운용본부 직원들이 이용할 수 있다. 경제적 보상을 강화하기 위해 성과급 체계를 개선하는 한편 50명의 운용 인력 채용을 발표했다.

한전, 주말이면 '탈전주' 러시

공공기관 이전으로 인한 불편은 국민연금공단만의 문제가 아니다. 한국전력 등 혁신도시로 이전한 다른 공공기관에서도 나오고 있다.

한국전력은 2012년 본사를 서울 강남에서 전남 나주혁신도시로 옮겼다. 1만 7,000명이던 직원이 회사가 한국수력원자력 등으로 쪼개지면서 나주 본점에 2,000명이 있다고 한다.

그런데 이 중 500~600명이 주말이면 서울, 부산 등으로 나간다. 서울에서 나주로 이사와 사는 젊은 직원들도 있으나 나주를 정기적으로 나가는 사람들의 나주에서의 생활 형태는 두세 명이 같이 살거나 혼자 내려온 경우 등 다양하다.

충북혁신도시의 경우, 공공기관 직원들이 이용하는 서울행 전세버스는 없고 직원들이 기차표를 예매하면 회사에서 제비 뽑기 식으로 교통비를 지원한다. 한 달에 많이 이용하는 직원은 지원 대상에서 제외된다. 한 직원은 "혁신도시로의 공공기관 이전이 주먹구구식으로 되면서 입주한 공공기관 간 시너지 효과는 기대하기 어렵다."며 아쉬움을 토로했다.

초기에는 혁신도시기관장협의회 모임이 있었는데 지금은 업무적으로 논의할 만한 공통점이 없어 모이지 않는다. 예를 들어 농어촌공사와 한전이 무슨 협의할 게 있겠느냐는 것이다.

결혼 못 해 이직하기도

서울에서 제주도로 이전한 공무원연금관리공단에서 일했던 한 고위공직자는 공단이 서귀포에 있는데 서울 출장 한 번 가려면 대여섯 시간씩 걸린다고 출장 부담을 토로했다. 서울 나들이뿐만 아니라 제주시에서 서귀포 가는 것도 너무 힘들고, 젊은 직원들은 이성과의 교제 기회 자체가 적어 결혼 때문에 이직하는 사람도 있을 정도라고 회상한다. 그는 혁신도시를 서귀포에 만든 건 최악 중에서도 최악이라고 비판한다. 당초 공무원연금관리공단은 원주혁신도시로 가는 것으로 정해졌는데 최종 결정 사흘 전에 한국관광공사랑 바꿔치기 됐다면서 실세 정치인이 끼어들어 바뀌게 되었다는 말을 들었다고 했다.

이처럼 혁신도시 이전을 둘러싼 논란은 국민의 지역에 대한 부정적 인식과 지역 사회의 인프라 불균형 문제점을 재확인시켜 준다. 서울에 비해 지방은 모든 사회 인프라가 부족하니 서울에 살다가 지방으로 불가피하게 옮긴 사람들로서는 '서울 향수'가 쌓인다. 혁신도시에서도 서울 못지 않는 문화, 의료, 복지 서비스를 누릴 수 있도록 지역 여건을 개선하기 위해 지역사회에서 정부와 머리를 맞대야 한다. 지역 인프라 확충없이 단순히 기관을 이전하는 것만으로는 서울 중심의 발전에 따른 지역 불균형 문제는 영원히 해소할 수 없을 것이다.

혁신도시에 이주한 수도권 이주민들의 고충은 균형발전 정책의 한계를 보여준다. 참여정부에서 지역을 살리고자 공공기관들을 강제로 지방으로 보냈다. 하지만 참여정부 이후 이명박 정부에서 전 정부와 다른 정책을 추진했다. 여기에 민간 기업들도 지방 이전에 동참하지 않으면서 '절반의 성공과 실패'라는 한계를 보였다. 균형발전 정책은 여야간 정치적 득실 계산에 관계없이 장기적으로 꾸준히 실천하고 민간의 동참이 있을 때 성공할 수 있음을 보여주는 대목이다.

정치권의 균형발전 정책에 대한 논의가 분분한 가운데, 지방에서는 생존을 위한 자구책을 강구하지 않을 수 없게 됐다. 아래에서 살펴볼 교도소나 화장장처럼 주민들이 기피하는 시설까지 유치하려는 지방이 적지 않다. 이런 지방의 자구 노력들이 지역의 자립성을 강화하며 새로운 발전의 동력이 될 수 있을까? 이를 지켜보는 것은 내 고장을 사랑하는 의미있는 일이 될 것이다.

군부대, 교도소, 화장장도 좋아요

　쓰레기소각장, 교도소, 추모공원 등은 대표적인 주민 기피 및 혐오시설이다. 사회적으로 모두 필요한 시설이지만 사회적 낙인과 집값 하락에 오염과 악취 등 환경 피해를 초래한다는 이유로 입지 선정 과정에서부터 지역 주민들이 반대한다. 이른바 '님비(NIMBY) 현상'이다.

　그런데 비수도권을 중심으로 이런 기피시설 유치에 적극적인 지역이 많다. 이는 지역소멸을 막고 지역 경제를 활성화하려는 고육지책이다.

교도소도 좋다는 청송군

　경북 청송군은 교도소 유치에 적극적이다. 교도소도 소각장 못지않은 기피시설이다. 청송군은 우리나라에서 교도소가 가장 많은 지자체다. 경북 북부 1, 2, 3교도소와 경북직업훈련교도소 등 교정시설이 4곳 있다. 모두 남성만 수용 가능하다. 특히 2교도소(옛 청송교도소)에는 조직폭력배 김태촌과 조양은, 대도 조세형, 탈옥수 신창원, 성폭행 살해범 김길태, 소아성폭행범 조두순, 토막살인범 오원춘 등 중범죄자들이 주로 수감돼 청송 주민들이 동네 이미지가 나빠진다며 경북북부교도소로 이름을 바꾸었을 정도로 지역민들에게 기피 시설이다. 이 교도소는 노태우 대통령 집권 시절인 1992년 범죄와의 전쟁을 펼치면서 검거한 조직폭력배들을 수용하기 위해 만들었다.

그런데 이런 청송군이 '교정 빌리지' 건축에 나섰다. 법무부에서 여자 재소자 수용 공간을 확충하기 위해 경북북부3교도소를 증축하기로 하면서 여성 교정직 주거 공간을 마련하기로 했다. 전국 교정시설 54곳 중 여성 전용은 청주여자교도소와 천안개방교도소가 유일하다. 모두 정원보다 많은 수감자가 수용되어 있는 것으로 알려졌다. 청송군은 2021년부터 인구소멸에 대응하고 경제 활성화를 위해 여성 교도소 유치를 추진해 왔다.

청송군은 2024년 2월에 8억 원을 들여 경북교도소와 800m 떨어진 진보면 일대 3,540㎡의 부지를 사들였다. 여성 재소자 관리를 위한 여성 교정 공무원 숙소로 80실 규모의 원룸과 20실 규모의 투룸을 2026년까지 195억 원의 사업비를 들여 건설할 계획이다. 청송군에서 직접 원룸을 짓고, 교정 공무원들을 대상으로 무상 임대해 소정의 관리비만 받을 예정이다. 이뿐만이 아니다. 유치원, 초등학교, 어린이집도 새로 단장해 청송군을 여성 교정 공무원들이 결혼한 뒤에도 정착할 수 있는 교정 빌리지로 만들 계획이다. 남자 교도관들은 교도소 내 아파트에 거주하거나 자동차로 40분에서 50분 정도 걸리는 안동에서 출퇴근하는 실정이다.

청송군이 이처럼 교정시설 확충에 나서는 건 지방소멸 위기 때문이다. 청송군의 소멸위험지수는 0.119로 '인구소멸 고위험지역'에 속한다. 주민 수가 2014년 2만 6,453명에서 2024년 3월말 기준 2만 3,963명으로 갈수록 줄어드는 추세다. 심지어 교도소 이름까지 기존의 청송교도소로 다시 바꿔 달라는 여론이 나올 정도다.

주민들이 갈수록 줄어드는 상황에서 청송군을 생활권으로 둔 교정 직원과 가족 등 1,000여 명의 교정직 거주자들과 전국에서 오는 면회객 등 생활권 인구는 청송 지역 경제 유지에 중요한 역할을 한다. 청송군은 교정 빌리지가 완공돼 여성 교정공무원들이 청송으로 주소를 옮기면 인구 유입과 지역 경제에 많은 도움이 될 것으로 전망했다.

화장장 유치에 뛰어든 지자체

화장장 유치에 적극적인 마을도 있다. 경북 포항시는 2028년 말 완공을 목표로 화장장을 갖춘 추모공원 조성을 추진 중이다. 33만㎡ 부지에 화장시설, 장례식장, 봉안시설, 자연장지, 유택동산 등을 갖춘다. 화장로는 총 8기를 만든다. 포항시는 혐오시설이나 기피시설이란 이미지에서 벗어나기 위해 추모공원 내 장사시설을 20%, 공원시설을 80% 비율로 조성할 계획이다. 또 박물관, 전시관, 야구장 등도 조성 예정이다.[12]

포항시에서 해당 시설의 부지 선정을 위해 공모에 나선 결과 모두 7개 마을이 신청했다. 포항시는 추모공원 부지로 선정된 마을에는 지원기금 40억 원을 주기로 했다. 또 화장시설 사용료 징수액 20%를 30년간 지급하고 주민에게 일자리도 제공할 계획이다. 이와 별도로 유치지역 해당 읍면에는 주민지원기금 80억 원과 45억 원 규모의 편익·숙원사업을 제공한다.

포항시 관계자는 "입지 선정에 따른 인센티브가 있는 점을 고려하더라도 기피시설로만 생각했던 화장장 유치에 주민들이 적극적으로 나선 것은 뜻밖"이라면서 "주민들이 지역 경제 활성화를 더 원하는 것 같다."고 말했다. 허남도 포항시 동해면 추모공원유치위원회 공동위원장은 "지역에 화장장을 유치하면 일자리도 생기고 방문객도 증가할 것으로 본다."고 말했다. 포항시 관계자는 "화장로가 항상 만원이다 보니 제때 화장을 하지 못하고 4~5일장을 치르는 사람이 많다."고 전했다. 실제 한국장례문화진흥원에 따르면 2023년 12월 1일부터 24일까지 전국의 사망 후 3일차 화장 비율은 63.8%, 4일 이후 화장은 36.2%로 집계됐다.

화장장 유치전은 경기도 양주시에서도 나타났다. 양주시는 83만㎡ 규모 부지에 종합장사시설을 조성하기로 하고 2023년 8월부터 10월까지 주민 공모 사업으로 장사시설 후보지 신청을 받았다. 장사시설을 유치하는 지역에 최대 400억 원과 장사시

비수도권 지역의 기피시설 유치 현황

지역	유치 희망 기피시설	비고
경북 영천시	대구 군부대	
대구 군위군	상동	
경북 칠곡군	상동	
경북 청송군	여성 교도소	
경북 포항시 동해면 등 7개 읍면	추모공원	최종 선정된 마을에 40억 원 지원. 화장시설 사용료 징수액 20%를 30년간 지급. 유치 읍면에는 주민지원기금 80억 원과 45억 원 규모 편의·숙원사업 제공
경기도 양주시 백석읍	광역 화장장	방성1리에 100억 원, 인근 마을엔 300억 원 등 총 400억 원 지원
광주광역시	자원회수시설	최종입지에 1,100억 원 이상 행재정적 혜택 부여

설 내부 식당, 카페 등 수익시설 운영권(20년), 지역 주민 우선 고용권 등을 제시했다. 그 결과 6개 마을이 응모했다. 양주시는 최종 후보지가 된 방성1리에 100억 원, 인근 마을엔 300억 원 등 총 400억 원을 지원하기로 했다.

지방에선 쓰레기소각장 유치

폐기물관리법 시행규칙 개정에 따라 수도권은 2026년부터 그 외 지역은 2030년부터 종량제봉투에 담아 버리는 생활쓰레기는 직매립이 금지돼 소각 처리해야 한다. 이 법 적용을 앞두고 전국 지자체에서 쓰레기소각장(자원회수시설) 신규 및 추가 건설을 추진 중이다. 자원회수시설은 생활폐기물을 위생적으로 소각 처리할 뿐만 아니라 소각열을 회수해 자원화하는 첨단 친환경 시설이다. 그런데 주민들은 자기 마을 주변에 이런 시설이 들어서는 것을 꺼린다. 소각 과정에서 배출될 수 있는 다이옥신, 이산화탄소 등 대기오염 물질과 악취 및 미세먼지 발생으로 인한 지가 하락 등을 우려하기 때문이다.

이 때문에 전국이 소각장 건설 문제로 골머리를 앓고 있다. 그런데 지역에 따라 그 양상이 차이가 있다. 소각장 유치에 관심을 가지는 주민들이 있는가 하면, 주민 반발로 갈등이 심화되는 지역이 있다.

먼저 광주광역시의 사례를 보자. 주민 반발을 경제적 보상책 제시로 풀어낸 경우이다.

광주시는 전국 17개 시도 가운데 유일하게 소각장이 없다. 2016년 12월 상무소각장을 폐쇄한 이후 남구 양과동에 있는 광역위생매립장에서 생활 쓰레기를 매립하고 있다.

시에는 새로운 법 적용을 앞두고 소각장 건립을 2022년부터 준비했다.

하지만 계속되는 주민 반대로 추진에 속도가 붙지 않았다. 그러다 입지 후보지 선정 방식을 자치구가 주도하는 방식으로 바꾸면서 상황에 변화가 생겼다. 즉, 최종 후보지로 선정되는 자치구에는 파격적인 경제적 보상책을 제공하기로 한 것이다. 600억 이상의 편의시설 설치비와 500억 원 이상의 특별지원금 등 1,100억 이상의 행·재정적 혜택을 주기로 하면서 지역 주민들이 관심을 보이기 시작했다. 광주시에서 주민 친화형 쓰레기소각장 건립 후보지를 공모한 결과, 광산구 4곳, 남구, 서구 각 1곳 등 모두 6곳이 신청했다.[13] 2025년 하반기쯤으로 예상되는 최종 입지 선정이 완료되면 2029년까지 준공해 2030년부터 본격적으로 가동, 하루 650톤의 종량제 폐기물, 음식물, 재활용 잔재물, 대형폐기물 등을 소각하게 된다.

이처럼 광주시가 경제적 보상책 제시 등으로 갈등을 최소화하려는 건 서울시의 갈등 사례를 봤기 때문이다.

서울은 30년째 소각장 갈등 중

서울시는 1970년대 이후부터 국민 생활 수준 향상과 소비문화 변화로 일반 생활폐기물의 발생량은 꾸준히 증가했지만, 재활용률이 그만큼 늘어나지 않으면서 자원회수시설 건설을 추진했다.

서울시에 하루 약 3,200톤의 생활폐기물이 나온다. 이 중 2,200톤은 마포·노원·양천·강남에 있는 기존 4곳의 소각장에서 인근 지자체의 쓰레기를 공동처리하고, 이곳에서 처리하지 못하는 나머지 1,000톤은 인천의 수도권매립지로 보내고 있다.

강남구 일원동의 쓰레기소각장을 둘러싼 갈등부터 살펴보자. 일원동 일대는 서울시에서 쓰레기소각장 건설 용지로 정할 때인 1990년대 중반, 강남의 외곽지역이었다. 소각장은 주민들이 꺼리는 시설이기에 가능한 한 외곽지역에 세우기로 한 것이다. 마포구 상암동, 양천구 목동, 노원구 상계동 등 서울 시내 다른 쓰레기소각장 부지도 각 자치구의 외곽지역에 자리 잡고 있다.

하지만 지역 주민들은 강하게 반발했다. 서울에서 제일 먼저 가동된 양천구 목동의 쓰레기소각장에서 발암물질인 다이옥신 등이 배출된 사례를 들어 강력히 반대했다.

서울시 자원회수시설 공동이용 현황

시설명	공동이용 대상 자치구	공동이용 자치구	공동이용 협약일자
양천자원회수시설	3개구	양천, 강서, 영등포	2010.5.10.
노원자원회수시설	6개구	노원, 중랑, 성북, 강북, 도봉	2007.6.30.
		동대문	2012.1.27.
강남자원회수시설	8개구	강남, 서초, 송파, 성동, 광진, 동작, 강동	2007.5.7.
		동작	2013.5.1.
마포자원회수시설	5개구	마포, 중구, 종로, 용산, 서대문	2009.2.10.

※구로(광명자원회수시설 이용), 은평(소규모 자체 시설 이용), 금천(수도권매립지 이용)

자료_ 서울시

강남구청에서 다이옥신을 허용치 이하로 낮출 수 있다며 주민 설득에 나섰지만 역부족이었다. 당시 권문용 구청장은 쓰레기소각장 건설을 반대하는 주민들에게 소각장 주변에 살아도 건강에 아무런 문제가 없음을 보여주기 위해 수서아파트에 관사를 마련해 직접 살겠다고도 했다. 강남구는 실제로 수서아파트 115동 15평 규모의 502호를 1996년에 1억 1,900만 원에 권 구청장 관사로 매입했다.

민선 구청장이 소각장 인근에 관사까지 마련하며 안전함을 강조해야 할 정도로 서울시민에게 쓰레기소각장은 절대적인 기피시설이었다. 그런데 권 구청장은 매입한 구청장 관사에 들어가 살지 않았다. 이 때문에 주민들은 속았다며 분통을 터뜨렸다.

30년 전 쓰레기소각장을 둘러싼 서울시와 지역 주민 간 갈등은 마포구 상암동에서 여전히 펼쳐지고 있다.

시는 앞서 설명한 대로 하루 1,000톤의 생활폐기물을 인천의 수도권매립지에 보내 직매립해오고 있었다. 그런데 내구연한을 초과해 가동 중인 기존 소각장 4곳의 가동률은 갈수록 떨어지고 있다. 이런 상황에서 2026년 1월부터는 수도권매립지에 생활폐기물을 소각하지 않고 직접 매립하는 것이 금지돼 신규 소각장 건설이 불가피한 상황이다. 이에 시에서는 25개 자치구를 상대로 추가 소각장 건설 입지 공모에 나섰다.

하지만 예상대로 어떤 곳도 응하지 않았다. 결국 시에서 독립적인 입지선정위원회를 구성해 마포구 상암동을 선정했다. 시는 상암동 주민들의 반발을 고려해 1,000억 원 규모의 주민 편익 시설을 제공한다는 방침이다. 세계 최대 규모의 대관람차

'서울링'을 상암동의 하늘공원에 조성한다는 계획도 일종의 '당근책'으로 제시했다.

같은 1,000억 원대 혜택, 서울 광주 반응 달라

하지만 상암동 주민들은 행정소송까지 제기하며 강하게 반발했다. 마포구가 지역구인 더불어민주당의 정청래 의원은 지역 주민들 편에 서서 마포구 신규 소각장 건립을 위한 2025년 국비 지원 예산(208억여 원)을 전액 삭감했다. 갈등을 해소하지 못하면 서울은 쓰레기 대란 문제로 홍역을 치르게 될 전망이다.

자기 동네 쓰레기는 자기 동네서 처리하는 것이 맞다. 상암동 주민들이 지역이기주의에 빠졌다고 비난하기에 앞서 쓰레기를 발생시키면서도 강 건너 불구경하는 서울의 다른 지역 주민들이 님비라고 할 수 있다.

행정조직의 선제적 대응 능력 부족이 더 문제

하지만 혐오시설인 쓰레기소각장을 둘러싼 갈등은 주민들만의 문제로 볼 수 없다. 특히 생활쓰레기 문제의 심각성을 예측하고 대비하지 못한 정부와 지자체의 책임도 크다. 1인 가구 증가와 일회용품 사용, 택배와 배달 이용 증가 등으로 쓰레기 양은 꾸준히 늘어나고 있다. 이러한 변화는 예측할 수 있는 사회적 흐름이었다. 그렇다면 정부나 지자체에서 이에 걸맞은 쓰레기 처리 정책과 도시행정 대책을 마련했어야 한다. 이런 상태에서 돈으로 주민 불만을 해소하려는 건 근시안적인 접근이 아닐 수 없다.

서울과 광주의 쓰레기소각장 건설을 둘러싼 오랜 갈등은 행정기관의 선제 대응이 가지는 중요성과 주민과의 소통 및 신뢰 형성이 얼마나 중요한지를 보여준다.

한편 혐오시설에 대한 서울시와 주민 간 갈등이 지속된다는 것은 그만큼 서울시민들이 서울시의 정책 결정 과정에 미치는 영향력이 지방 주민들보다 강함을 보여준다고 하겠다.

아울러 이런 갈등을 보면서 혐오시설을 바라보는 지역 간 시각 차이도 확인하게 된다. 지방은 경제적 자원이 서울보다 빈곤하다. 이런 상황에서 지역 주민들에게 경제적 보상책을 곁들여 혐오시설 건설을 제안하는 실정이다. 그리고 지방에선 이를 지역 발전의 기회로 받아들이려 한다. 반면 서울은 사회적 인프라가 완비되었기에 이러한 경제적 기회에 관한 관심보다 건강 등 생활환경을 우선시하는 심리가 강하게 작동하는 것으로 보인다.

같은 대한민국 국민이라도 거주 지역의 경제적 자원과 역량의 크기에 따라 주민 인식도 바뀌는 것이다. 혐오시설 갈등 문제는 수도권 중심의 발전이 가져온 구조적 병리적 현상이나 다름없다. 서울 폭식과 지방 소외라는 병리 현상이 쓰레기 처리 문제에 고스란히 배어 있다. 이를 해결하려면 행정기관과 주민 간 신뢰와 소통은 물론 지역 간 불균형을 해소하려는 국가의 적극적인 노력이 병행되어야 할 것이다.

사라진 시외버스 정류장

지금까지 혐오시설에 대한 서울과 지방 간 시각 차이가 적지 않음을 살펴봤다. 서울시민들은 될 수 있으면 혐오시설들을 자기 거주지와 멀리 떨어진 곳에 두고자 한다. 그런데 지방은 경제 활성화에 도움이 된다면 혐오시설이라 해도 유치하려는 움직임이 있음을 알 수 있었다.

이러한 시각 차이는 버스터미널에서도 확인된다. 서울, 부산 같은 특별시나 광역시의 버스터미널은 문을 닫거나 외곽으로 이전하더라도 기존의 터미널 부지는 재개발 등 경제적 가치를 제고하는 수단으로 활용될 여지가 많다.

하지만 지방의 버스터미널 신축은 지역 경제 활성화의 신호탄으로, 폐업은 지역 사회의 침체로 이어진다. 서울처럼 지하철이 촘촘하게 연결된 지역에서는 버스터미널의 존재 가치가 상대적으로 약할 수밖에 없다. 터미널이 사라지더라도 대체 교통수단이 많아 시민들이 이동하는 데 불편함이 덜하기 때문이다.

그러나 지방은 지하철이 없는 데다 인구 감소 문제까지 겹쳐 버스터미널이 사라지면 주민들의 나들이가 불편해지는 것은 물론 외부와의 단절로 이어져 지역 활력이 떨어지는 문제점에 봉착하게 된다. 그 반대로 터미널이 들어서는 건 크게 환영할 일이다.

앞에서 살펴봤듯이 혐오시설을 유치해서라도 지역 경제를 살리겠다는 지방의 몸부림이 버스터미널이라는 공간을 두고서는 어떻게 펼쳐지는지를 살펴본다.

추억의 조방 앞 부산시외버스터미널

기차역이나 버스터미널은 만남과 이별의 공간이다. 오랜만에 고향집을 찾는 사람이나 낯선 출장지로 떠나는 사람에게는 설렘을, 이들과 헤어져야 하는 사람들에게는 아쉬움이 남는 곳이다.

필자에게는 성인이 되어서 이용하는 부산역보다 어린 시절 이용했던 부산 동구 범일동의 조방 앞 시외버스터미널이 설렘의 공간으로 남아 있다. 이 버스터미널은 1980년대 중반까지 광역 교통망의 거점 역할을 하다 시 외곽인 금정구 노포동으로

부산 동구 범일동 시외버스터미널이 있던 자리에 들어선 상가들 모습

이전했으며 현재 터미널 부지에는 자유도매시장과 평화시장 등 일반 상업시설이 들어서 있다.

초·중학생 시절 여름과 겨울 방학 때가 되면 이곳을 찾았다. 경남 진주에 계신 할아버지와 할머니 댁에 가기 위해서였다. 요즘은 웬만하면 KTX나 자가용 등으로 이동하지만 당시에는 남녀노소 할 것 없이 다른 지역으로 갈 때는 고속버스나 직행 시외버스를 이용하던 게 일반적이었다.

그 당시에는 조방 앞이라는 지명의 유래에 관심을 두지 않아 어떻게 해서 조방 앞이라는 말이 고유명사처럼 쓰이게 됐는지 몰랐다. 성인이 된 뒤 조방 앞이라는 명칭이 조선방직의 줄임말임을 알게 됐다. 조선방직은 1917년 11월 일본의 미츠이 계열에서 세웠고 1968년에 청산되었다. 조선 최초의 근대적 면방직 공장으로 4만 평의 공장부지에 건물 54동에 종업원만 3,000명이

부산 동구 범일동의 조방타운이라 적힌 입간판을 통해 이 일대가 조선방직이 있었던 자리임을 알 수 있다.

었다고 하니 조방이 당시로서는 지역 경제를 떠받치는 중심축이었던 셈이다.

조방 앞 버스터미널은 설렘과 고통이 공존하던 공간이었다. 시외버스터미널이 있던 시절, 조방 일대는 부산과 서부 경남을 오가는 사람들로 북적댔다. 터미널 이용객들이 늘어나면서 주변에는 결혼예식장과 '조방낙지'를 비롯한 식당들도 들어서 활기가 넘쳤다. 필자 역시 방학이면 시골에 계신 할아버지, 할머니를 뵈러 가는 설렘에 가슴이 두근거리던 기억이 생생하다.

그러나 동시에 버스터미널은 고통을 이겨내야 하는 장소이기도 했다. 버스는 출발 전부터 시동을 켠 채로 매연과 기름 냄새를 내뿜었다. 비위가 약했던 필자는 늘 속이 울렁거려 창밖의 찬바람을 쐬며 버스가 터미널을 벗어나기만을 기다리곤 했다.

지금은 이런 조방 앞 풍경이 아련한 추억으로 남아 있다.

한때 활기찼던 그 모습은 찾아보기 어렵고, 이제는 한가한 모습으로 남아 있다. 재래시장이나 식당 등 서비스업에 종사하는 소상공인은 물론 철물점 주인들도 코로나19의 확산에 이은 경기 침체로 힘든 나날을 보내고 있다. 관할 지자체인 부산 동구청에서 화려한 조명과 경관조명으로 '조방 빛의 거리'를 조성하며 조방 상권 활성화를 도모한다. 하지만 쉽지 않아 보인다. 이 지역은 북항 재개발 지역과 인접해 잠재력은 무궁무진하다. 그러나 이를 살리려면 부산시가 바라는 부산 글로벌 허브도시 특별법 같은 새바람이 불어야 한다.

재개발 앞둔 서울남부터미널

시 외곽으로 이전한 부산의 조방 앞 시외버스터미널과 달리 서울 서초구 효령로에 있는 서울남부터미널은 지금도 그 자리에서 버스 이용객들을 맞고 있다. 그런데 서울 강남권에 있지만, 세련되고 현대적인 주변 이미지와 달리 지방의 군소도시의 터미널이라고 할 정도로 낡은 데다 이용객들은 많지 않다.

서울남부터미널은 서울 지하철 3호선 남부터미널역 5번 출구로 나오면 보인다. 20여 개 운수사에서 경기, 강원, 충청, 호남, 경상권을 오가는 시외버스를 운행하고 있다. 이 터미널은 1990년 7월 용산에서 이곳으로 이전해 왔다. 지난 7월 26일 이곳을 찾았을 때, 1층 대합실에는 셔터를 내린 가게들이 문을 연 가게보다 더 많았다. 두세 평쯤 되어 보이는 분식점을 운영하는 한 상인은 "가게임대료가 월 1,000만 원"이라면서 "가게 문을

서울남부터미널에 버스 기사를 구한다는 안내판이 즐비하다. 손님이 줄면서 버스 기사들도 다른 일자리를 찾아 많이 떠났음을 알 수 있다.

내린 곳들이 많이 있지만 주인들은 신경을 쓰지 않는 것 같다.”라고 혀를 내둘렀다. 터미널 대합실에서 버스를 기다리던 40대 승객은 “시설이 너무 낡았다.”라며 “재개발하게 되면 외곽으로 터미널이 이전하지 않겠느냐.”고 말했다. 터미널 사업자는 오래 전부터 재개발을 추진하려 하나 용적률 문제로 시와 갈등을 벌이면서 사업 진척이 더딘 실정이다.

인구소멸 고위험지역 터미널은 조만간 문 닫을 상황

전국 여객자동차터미널사업자협회(터미널협회)에 따르면 최근 7년(2017~2023년) 간 전국의 버스터미널 이용 실적은 연평균 5.88%가 감소했다. 특히 코로나19로 대규모 운행 중단 등이 생기면서 버스 운행 실적은 눈에 띌 정도로 줄었다. 터미널을 중

서울남부터미널 이용객이 줄면서 가게문을 닫은 곳들이 많다.

심으로 목적지별 운행 노선과 횟수를 집계한 결과, 운행 노선은 시외는 2019년 대비 2023년에 64%, 고속은 89%에 그쳤다. 운행 횟수의 경우 72%, 83% 수준이었다.

버스 이용객들이 줄면서 자연스레 버스터미널 수도 줄었다. 2018년 326곳에서 2024년 3월 말 기준 295곳으로 6년 만에 31곳이 줄었다. 295곳 중 인구소멸과 고령화에 직면한 군 소재 터미널은 157개로 전체 터미널의 51%를 차지한다. 지자체가 운영 관리하는 공영터미널은 28개로 17.8%에 불과하며 나머지 129개는 민영터미널들이다. 인구소멸 고위험지역으로 분류되는 터미널 77개의 경우 조만간 사라질 가능성이 높다.

지하철에 밀려 폐업한 송탄시외버스터미널

2024년 1월에 폐업한 경기도 송탄시외버스터미널을 보자. 이 터미널은 경기도 송탄 주민들이 오산, 서울, 원주, 인천 등 다른 지역으로 가기 위해 이용한 곳이다.

1989년 문을 연 이후 2024년 1월에 문을 닫기까지 34년간 송탄 주민들이 이용했다. 코로나 이전인 2019년에는 하루에 1,000명 넘게 이용했으나 문을 닫기 직전에는 이용객이 하루에 100명도 채 되지 않았다고 한다. 운영난에 터미널 운영을 접게 됐고 대신 터미널 인근 도로변에 간이 정류소를 만들어 이용객들의 불편을 최소화하고 있다.

터미널 이용객이 준 것은 지하철 접근성이 좋기 때문이다. 이곳에서 시내버스로 15분 정도만 가면 국철 1호선 송탄역이 있다. 송탄역에서 서울역까지는 1시간이면 이동이 가능하다. 국철 이용객들이 늘면서 송탄~오산~동서울을 운행하던 대원고속과 경기고속은 2024년 2월 28일부터 이 구간 운행을 중단했다.

민간업자들로서는 수익이 나지 않는데도 시민의 발이라는 이유로 버스 운행을 계속하기는 힘들 것이다. 다만 65세 이상 노인들의 이동권이 제한되는 것은 우려대는 대목이다.

지방 버스터미널의 위기는 지역 정체성 위기 초래

광역 교통망이 잘 갖춰진 수도권에서 지하철 등 다른 교통수단을 이용하는 사람들이 늘면서 버스터미널 운영이 어려운 건 그렇다 하더라고 지방의 버스터미널이 위기에 놓여있다는 건 가볍게 볼 문제가 아니다.

지방 버스터미널의 위기는 단순한 교통수단의 위기에 그치지 않고 지방 경제와 문화의 고립을 가중시키며 지역 정체성과 자부심에도 영향을 미친다.

이와 관련해 충북혁신도시공용터미널을 둘러싼 음성과 진천군 간의 갈등은 지역 주민들이 버스터미널이라는 공간을 어떻게 받아들이는지 보여주는 좋은 사례다.

지방의 버스터미널이 인구 감소로 사라질 위기에 처한 것과 달리 혁신도시는 사람들이 늘어나면서 오히려 터미널이 생겨났다. 지방에 외지인들이 자유롭게 왕래할 교통망이 구축된다는 건 지역 발전에 좋은 일이다. 그리고 터미널 명칭은 터미널 소재지의 지명을 그대로 사용하는 것이 일반적이다. 서울처럼 터미널이 많아 동서울, 남부터미널 등 지리적 방향을 이름으로 내건 터미널도 있으나, 대부분의 지방에서는 도시 이름을 터미널에 내건다. 마산, 청주, 전주, 춘천시외버스터미널 등이 그렇다.

충북혁신도시공용터미널의 아이러니

그런데 터미널 소재지의 지명을 사용하지 않은 터미널이 있다. 충청북도 음성군 맹동면에 있는 터미널이 그런 경우다. 이 터미널의 명칭은 충북혁신도시공용터미널이다. 터미널이 음성군 내에 있기에 음성터미널로 해도 아무런 문제가 되지 않아 보인

충북혁신도시공용터미널의 외부전경

다. 하지만 바로 옆이 진천군이라 음성터미널로 할 경우, 지역 간 갈등이 예상돼 혁신도시터미널로 이름을 내건 것으로 보인다.

충북혁신도시공용터미널은 정부가 음성군과 진천군 등에 혁신도시를 조성해 시외버스를 운행하기로 하면서 2015년 7월 공사에 들어가 1년 만인 2016년 6월에 터미널이 완공됐다.

터미널 1층 대합실에는 충북혁신도시공용터미널이라는 이름이 내걸려 있다. 터미널 건물 밖에도 큼지막하게 같은 이름이

출입구쪽에 나붙은 음성혁신도시터미널 스티커. 음성군에 위치한 터미널임을 강조하고 있다.

충북혁신도시공용터미널이 진천군에도 걸쳐 있음을 알 수 있는 간판이 보인다.

내걸려 있다. 터미널이 위치한 음성혁신도시터미널이라는 문구는 출입구 쪽에 작은 안내판에 붙어있긴 있으나 공식 명칭은 아니다.

전체 면적이 692만 5,000여㎡인 충북혁신도시가 진천군(49%)과 음성군(51%)에 비슷하게 나뉘어 있는 이유도 이런 두 지역 간 갈등을 최소화하려는 뜻이었다.

갈등 조정은 쉽지 않았다. 두 행정구역 경계가 들쭉날쭉하면서 아파트 등 주택과 기관 건물이 두 군에 걸치면서 건물 신축 인허가 등에서 분쟁이 생길 가능성이 우려됐다. 여기에 상업용지의 88%가 음성군에, 나머지 12%가 진천군에 배치돼 형평성 논란이 일면서 두 지역이 행정구역 경계 조정 문제를 놓고 첨예하게 대립했다. 논의 끝에 행정구역 면적은 그대로 둔 채 기존 들쭉날쭉한 경계선에서 가까운 블록 단위로 경계를 결정하고 공동주택 용지와 공원 등 4만 1,356㎡ 면적을 주고받았다. 다만 혁신도시 이전 공공기관 11곳 가운데 면적(68만 7,100㎡)이 가장 넓으면서 두 군에 걸친 법무연수원은 그대로 두기로 했다. 법무연수원은 진천군에 71.2%(48만 9,093㎡), 음성군에 28.8%(19만 8,007㎡)가 걸쳐 있다.

충북혁신도시공용터미널은 음성과 진천의 이해관계가 얽히면서 두 지역을 포함한 '충북'이라는 명칭을 사용하게 된 것으로 보인다. 음성이나 진천군민들이 터미널을 단순한 교통시설을 넘어 지역 정체성과 자부심의 상징으로 인식하고 있음을 알 수 있다. 한편으로는 소멸 가능성에 대한 지역 사회의 위기의식이 어느 정도인지 보여주는 것 같아 안타까운 마음도 든다.

2장

정치가 망치는 균형발전

우리는 밤낮으로 여러분의 복지를 위해 고심하고 있습니다. 우리가 우유를 마시고 사과를 먹는 것도 바로 여러분을 위해서입니다. 우리 돼지들이 임무를 다하지 못하면 존스가 돌아올 것입니다! 그렇습니다. 존스가 돌아올 것이 틀림없습니다.

조지 오웰의 '동물 농장' 중 한 구절이다. 이처럼 정치인들은 늘 시민을 위한다고 주장한다. 차별과 격차는 사라질 것이라고 속삭이지만 현실은 아니다.

우리나라 정치인들의 행태가 대체로 여기서 벗어나지 못한다. 국회의원 초선 때에는 국가와 사회 발전을 위해 고민하는 진짜 정치인(statesman)의 면모를 보이려 노력한다. 하지만 여의도 지리가 익숙해질 무렵이면 어느새 정치꾼(politician)의 기질을 유감없이 보인다. 여전히 국가와 민족, 국민의 행복을 강조하지만, 자신과 소속 정당의 이익 지키기나 키우기를 위한 선동에 불과한 경우가 허다하다.

여당과 야당의 정치인들은 물과 기름 같은 상극의 존재로 보이지만 실은 정파적 이해관계에 매몰된 '이란성 쌍생아'다. 어제의 여가 오늘의 야가 되고, 어제의 방어가 오늘의 공격이 되는 것을 우리는 본다. 정파적 이해관계에 충실한 합리성은 있는지 모르나 공공의 이익 제고와는 거리가 멀다는 점에서 본질은 같다. 이런 정치인들의 행태는 전 세계적 현상인지 철학자이자 신학자인 S. 클라크는 "정치꾼은 다음 선거에 대해서 생각하고, 정치가는 다음 시대 일을 생각한다."라고 일갈한 바 있다.

정부가 아무리 좋은 균형발전 방안을 마련해도 국회가 입법으로 뒷받침하지 않으면 무용지물이다. 여소야대 상황에서 노무현 정부가 연정을 제한한 적이 있다. 여야가 대치 중인 상황에서 거대 야당의 협조 없이는 원활한 국정운영을 할 수 없다는 판단에서 나온 것이었다. 소수 여당의 반발과 야당의 거부로 성사되지 않았으나 입법부의 위력을 보여준 대표적인 사례였다. 정치권은 여야를 막론하고 균형발전의 당위성은 인정하지만 균형발전의 필요성보다 당리당략적 이해관계를 늘 앞세운다.

지금부터는 정치인들의 소탐대실이 균형발전의 걸림돌이 된 사례를 살펴보며 장기적인 국가발전을 위해 정치인들의 인식 변화와 여야 간 협력이 중요하다는 점을 지적하고자 한다.

2.1 세종특별자치시

우리나라에서 임금의 이름을 가진 도시 중 가장 유명한 곳이 세종시이다. 2012년에 출범하면서 조선시대 세종대왕의 이름을 부여받았다. 17개 광역시도 중 가장 젊은 도시지만 15개 중앙부처가 모여 있는 특별자치시이다.

세종시는 정치적 산물이다. 박정희, 김영삼, 김대중, 노무현, 이명박, 박근혜, 문재인 전 대통령과 윤석열 대통령에 이르기까지 역대 전현직 대통령의 발언만 놓고 보면 한결같이 행정수도에 대한 애착을 보였다.

역대 대통령 중 행정수도 이전을 처음으로 꺼낸 대통령은 박정희 대통령이다. 그는 1977년 2월에 서울로의 인구 집중을 억제하는 가장 확실한 방안은 행정수도 이전이라고 말했다. 서울 인구가 전국 인구에서 차지하는 비중은 1960년 9.8%에서 1970년 17.6%, 1975년 19.8%로 팽창하던 무렵이었다.

수도 이전 계획은 아니지만 수도권 인구 분산과 국토 균형발전을 위해 청 단위 중앙행정기관 이전도 추진됐다. 노태우 대통령 시절, 청 단위 중앙행정기관 지방 이전 계획을 수립했고 김영삼 정부 말기인 1997년 말에 정부대전청사가 준공되면서 김대중 정부 시절에 특허청 등 8개 청단위 정부 기관들이 입주했다.

노무현 대통령은 2002년 대선후보로서 신행정수도 이전을 공약으로 내세웠다. 과밀화된 수도권 집중 현상을 막고 지역 균형개발을 위해서였다. 이듬해 이를 위한 특별법이 통과됐다. 하지만 2004년 헌법재판소는 '관습 헌법' 위반을 이유로 위헌 결정을 내렸고 결국 행정수도 이전 계획은 무산됐다. 대신 노무현

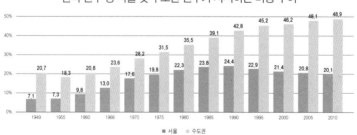

전국 인구 중 서울 및 수도권 인구가 차지하는 비중 추이

자료_ 국가통계포털

정부는 2005년 3월에 행정중심복합도시 건설특별법을 제정해 대통령실과 입법부를 제외한 행정부 이전의 근거를 마련했고 실제 이전 작업은 이명박 정부 말기인 2012년부터 시작해 박근혜 정부 초기에 마무리됐다.

하지만 이렇게 되기까지 큰 정치적 혼란을 겪어야 했다. 이명박 대통령은 대선후보 시절에는 세종시 원안 추진을 약속했었다. 하지만 당선 이후인 2010년 국회에 세종시를 교육과학중심도시로 변경하는 수정안을 내면서 정치적 혼란을 초래했다. 당시 여당인 한나라당은 친박과 친이계 간 갈등으로 나뉘었다. 차기 대권주자이던 박근혜 의원을 중심으로 한 친박계는 원안 추진을 주장했고 친이계는 수정안을 옹호했다. 민주당, 자유선진당 등 야당은 일제히 반대했다. 결국 세종시를 교육과학중심도시로 변경하려던 이명박 정부의 수정안은 국회 본회의에서 부결됐고 세종시는 원안대로 행정복합중심도시 개발로 최종 결정됐다.

세종청사에는 광화문에 있던 정부중앙청사와 경기도 과천에 있던 정부과천청사에 있던 23개 중앙부처와 소속기관, 국책연구기관 등 71개 기관의 1만 6,000여 명의 공무원이 근무하고 있다. 서울에는 외교부, 통일부, 법무부, 국방부, 여성가족부 등 5개 부처가 있다.[14]

세종시 조성으로 충남과 대전은 2005년 혁신도시 지정에서 제외됐다. 혁신도시는 공공기관 지방 이전을 위해 조성됐다. 충남과 대전은 세종시로 인해 공공기관 이전의 혜택을 받지 못했다며 반발했고 2020년 10월에 혁신도시로 추가 지정됐다.

세종특별자치시는 '행정중심복합도시'로 그 성격이 규정된다. '복합'이라는 단어에는 행정기관만으로는 도시의 자족성을 확보하기 어렵다는 판단이 깔려 있다. 개청한 지 12년이 지난 2024년 세종시의 인구는 약 39만 명 선이다. 개청 당시 인구 목표는 2030년까지 50만 명이었으나, 2040 세종 도시기본계획안에서는 인구 목표를 80만 명으로 올린 상태다. 그만큼 성장에 자신이 있다는 것이다. 하지만 세종시 인구 유입은 수도권이 아닌 인근 충청권에서 나온 것이어서 세종시 건립 시 기대했던 수도권 집중 억제 효과는 사라지고 충청권을 소멸시키는 블랙홀이 됐다는 비판을 받고 있다.

수도권 인구를 기대만큼 흡입하지 못한 것도 문제지만 행정 기능이 서울과 세종시로 나뉘면서 발생한 비효율도 큰 문제다. 국회예산정책처는 세종시 이전 이후 공무원들이 쓴 서울 출장비를 연간 200억 원으로 추정했다. 문재인 정부에서 만들려던 세종시 내 대통령 제2집무실은 가능성이 불투명한 상태다.

서울에서 세종청사로 이주한 공무원들의 만족도는 절반의 성공이다. 국토건설교통부의 한 공무원은 세종청사로 이주한 이후, 업무적으로는 예전보다 힘들다고 한다. 12년 전 서울에서 세종시로 이사를 한 이 공무원은 국회 상임위 보고나 업무협의는 물론이고 대학 교수들과의 정책 미팅도 서울에서 하다 보니 서울 나들이가 많아 육체적으로 힘들다고 말한다. 공간적으로 멀리 떨어진 산하 기관과의 업무협의도 줄었다고 말한다. 과천청사에 국토부가 있을 때는 LH와의 업무협의를 많이 했는데 LH가 경남 진주로 간 뒤로는 꼭 필요한 회의만 하게 됐다는 것이다.

대신 삶의 질은 나아졌다고 한다. 직장과 주거지가 가까운 직주근접의 생활이 가능해서다. 하지만 의료나 교육, 문화 환경에 대해서는 여전히 불만이다. 이 공무원은 정부세종청사 주변에 변변한 학원이 없어 자녀가 중학교 2~3학년이 되면 가족들이 서울이나 인근 대전으로 이사를 가는 공무원들이 적지 않다고 귀띔했다. 세종시에는 전통적 의미의 백화점도 없어 시민들은 청주나 대전으로 쇼핑하러 간다.

의료접근성에 대한 불만도 있다. 세종시에는 충남대병원이 있으나 의료진에 대한 신뢰성 문제로 서울로 가서 진료받으려는 사람들이 많다는 것이다. 세종시에서 병원을 유치한다고 했을 때 충남대병원과 서울대병원이 경합을 벌였고 세종시는 지역거점대학인 충남대병원을 선택했다. 시로서는 당연한 선택이었겠지만 만약 시에서 서울대병원을 선택했다면 세종청사 공무원 가족이나 시민들이 가까이 있는 서울대병원을 이용했을 것이라고 한다. 이뿐만 아니라 영호남 지역의 사람들도 서울로 가지 않고 지리적으로 좀 더 가까운 세종시에 있는 서울대병원을 찾았을 것이라고 말한다.

세종시의 사례는 균형발전을 정치적 이슈로 소비하는 것이 얼마나 큰 비용을 초래하는지를 보여준다. 균형발전은 특정 지역만의 문제가 아니라 국가 전체의 지속가능한 성장을 위한 과제이다. 이를 실천해야 할 정치인들은 정파적 이해관계에 매몰되지 말아야 한다. 유권자 역시 이러한 이상을 가진 정치인들을 선택하는 데 더 큰 책임의식을 가져야 한다.

서울 메가시티

전 세계 수도 가운데 특별시를 수도로 둔 나라는 우리나라가 유일하다.

서울연구원에 따르면 서울의 도시 역사는 백제의 수도 위례성이 서울 동남부의 한강변에 위치했던 약 2,000년 전으로 거슬러 올라간다. 이후 1394년 조선왕조의 수도가 된 이후 지금까지 이어져오고 있다. 1945년 해방 이후인 1949년 지방자치법이 제정되면서 서울특별시가 됐다. 1950년 6월 한국전쟁으로 폐허가 됐다가 1953년 9월 전쟁이 끝나면서 도시 재건에 나서 1970년대 '한강의 기적'을 이루었다.

서울특별시의 행정구역 변천도 (1914~1995년)

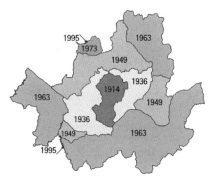

출처_ 위키백과, 서울특별시의 확장

서울은 1963년 '대 확장기'에 경기 시흥, 부천, 김포, 광주, 양주 일부를 흡수하며 확장해 1973년에 현재의 면적(605㎢)으로 확장됐다. 런던(1,572㎢), 뉴욕(1,214㎢), 베를린(892㎢) 등 다른 나라의 대도시보다는 좁은 편이다.

　　인구도 급증했다. 1950년 160만 명에서 2008년 1,042만 명으로 늘었다가 2023년 8월을 기준으로 941만 명이다(행정안전부 주민등록인구현황). 해방 직후 서울에서 가장 높은 건물은 8층짜리 반도호텔이었지만 지금은 최고층 건물인 123층짜리 잠실 롯데월드타워(555m)를 비롯한 고층 건물들로 스카이라인이 바뀌었다. 정치, 경제, 사회, 문화 등 모든 분야에서 우리나라 제1의 도시이나 국가 전체적으로 보면 '서울공화국'이라는 말에서 드러나듯 집중으로 인한 국가 불균형발전을 걱정해야 하는 상황이다.

행정구역의 변화

| 1394년~1913년 | 1914년~1963년 | 1973년 | 2005년 |

도로망의 변화

| 1936년 | 1966년 | 1972년 | 2000년 |

자료_ 서울도시계획 포털

김포 서울 편입은 전형적 포퓰리즘 정치 사례

지금도 초거대도시지만 2023년 서울시는 지금보다 더 커질 뻔한 일이 있었다.

국민의힘 김기현 의원이 당대표로 있던 2023년 10월 30일에 던진 경기도 김포시의 서울 편입 발언은 꽤 큰 폭발력을 발휘했다. 2024년 4월 총선을 6개월 남짓 남긴 시점에서 공론화 과정도 없이 나왔으나 여당 대표의 발언이라 무게가 달랐다. 하지만 김포의 서울특별시 편입을 당론으로 추진하기로 한 것은 수도권 득표전에 도움만 된다면 헌법이 규정한 국토 균형발전은 어떻게 되든 신경쓰지 않겠다는 전형적인 정치적 계산에 따른 발언일 뿐이었다.

김 대표는 이날 오후 경기도 김포 한강 차량기지 1층 대강당에서 열린 '해결사 김기현이 간다 - 수도권 신도시 교통대책 마련 간담회'에서 "당 내부에서 검토한 결과, 경기도 김포를 서울로 편입하는 것이 바람직하다는 결론을 내렸다."고 밝혔다. 같은 당 소속인 김병수 김포시장이 김포시의 서울 편입을 검토해 달라고 건의한 것에 대한 답이었다.

김포시의 서울 편입 요구는 경기도가 경기북부특별자치도 설치 관련 절차를 본격화하는 와중에 나왔다. 김 대표는 간담회에서 "김포뿐 아니라 인접한 도시의 경우도 마찬가지로 생활권, 통학권, 직장과 주거지 간의 통근 등을 봐서 서울시와 같은 생활권이라 한다면, 행정편의가 아니라 주민들 편의를 위해, 주민들 의견을 존중해서 절차를 진행할 경우, 원칙적으로 (해당 도시를)

서울시에 편입하는 걸 우리 당은 앞으로 당론으로 정하고 추진하려 한다."고 덧붙였다. 나아가 "서울 전체의 발전을 보면 편향된 것을 균형을 맞춰 줄 수 있는 방안으로 김포 땅이 확보되면 되지 않겠느냐는 생각이 든다."면서 "인구 대비 면적으로도 서울시의 (면적을) 넓히는 것이 바람직하다고 본다. 런던·뉴욕·베를린·베이징 등과 비교하면 서울시는 인구 대비 면적이 좁은 편"이라며 서울 메가시티의 당위성을 강조하기도 했다.

김 대표의 이 발언은 적지않은 파장을 일으켰다. 울산이 지역구인 4선 의원으로 수도권 민심을 모르지 않느냐는 당내 비판에 직면한 그로서는 서울 강서구청장 보궐선거 패배로 커져만 가는 수도권 위기론을 돌파할 승부수가 필요했고 서울 편입 카드는 언론과 지역 주민들의 주목을 받기에 충분했다.

언론은 김 대표의 해당 발언을 '서울 메가시티 구상'이라며 대서특필했다. 집권 여당의 대표가 공식적으로 선언한데다 실제로 현실화되면 수도권 부동산 가격, 학교 진학뿐 아니라 서울의 도시경쟁력에도 영향을 미치는 메가톤급 정책이기 때문이었다. 수도권의 민심도 들썩거렸다. 김포뿐만 아니라 구리시장 등 다른 지자체에서도 서울 편입을 추진하겠다고 호응했다. 이같은 움직임에 고무된 것인지 당에서는 서울 메가시티 TF를 구성하고 특별법안도 신속히 발의하겠다고 했다.

그러나 실상은 윤석열 대통령이 국정과제로 삼고 있는 지방시대 구현과 충돌하며 서울 집중을 가속화하는 정책으로, 표만 얻을 수 있다면 뭐든지 할 수 있다는 전형적인 포퓰리즘 정치였다.

놀라운 건 더불어민주당의 초기 반응이었다. 전통적으로 지역 균형개발을 강조해온 정당이었지만 개별 의원들의 반대 목소리는 있었음에도 당론으로 반대 입장은 내지 않았다. 수도권 의석 122석을 놓고 국민의힘과 맞붙어야 하는 상황에서 여당의 서울 메가시티 카드가 수도권 민심에 어떻게 작동하는지 쉽게 입장을 정리하지 못하는 눈치였다. 김기현 대표가 던진 메가시티 카드는 버리기도, 그대로 받기도 곤란한 카드였던 셈이다.

당시 더불어민주당 홍익표 원내대표가 반대 입장을 표명한 건 김 대표의 발언이 나온 지 이틀이 지난 11월 1일이었다. 홍 원내대표는 국민의힘이 김포시의 서울시 편입을 당론으로 추진하기로 한 것에 대해 "정략적으로 선거를 앞두고 포퓰리즘적으로 문제를 제기하는 것은 매우 부적절하다."고 밝혔다. 이어 "국토 대전략 차원에서 얘기해야 한다. 김포를 서울에 붙이느냐 마느냐 하면 논란 자체가 매우 협소해지고 아무런 미래 전략이 없는 얘기가 되는 것"이라며 "이건 지역이기주의만 부추기게 된다."고 지적했다.[15]

하지만 김포의 서울 편입은 지역 간 갈등을 조장하며 정부의 국정운영 방향인 지역 균형발전 정책과 엇박자를 낼 수밖에 없다. 서울을 키우면 키울수록 지방 균형발전 동력은 떨어질 수밖에 없기 때문이다.

광역단체장들, 여야 막론하고 메가시티 발언 비판

광역지자체장들이 여야를 막론하고 김 대표의 메가시티 구상을 비판한 이유도 이 때문이다. 면적이나 인구수 비대화로 경기도를 남북으로 나누려는 김동연 경기지사가 반대한 것은 당연한 일이겠지만 여당 내 정치인들과 단체장들도 일제히 비판의 목소리를 내었다.

"국민적 공감대도 없는 정치공학적 포퓰리즘이며 실현 가능성이 없는 정치쇼"(유정복 인천시장), "서울을 더 비대화시키는 시대에 역행하는 정책"(홍준표 대구시장), "지방분권과 균형발전의 청사진이 먼저 제시돼야 한다."(김태흠 충남지사) 등의 비판이 쏟아졌다. 국민의힘의 5선 중진이자 부산을 지역구로 둔 서병수 의원은 "서울은 이미 '슈퍼울트라 메가시티'"라며 "1,000만 서울 인구가 940만 명 수준으로 쪼그라든 게 문제인가."라고 비판했다.

한편 당사자인 오세훈 서울시장은 서울 면적의 약 절반 정도인 김포를 편입하는 서울 확장이 가져올 정치적 이해득실에 대한 계산 때문인지 서울 편입에 대한 입장을 밝히지 않고 경기도 김포, 구리, 고양, 과천시장과 만나 서울 편입을 논의하고 김포, 구리와 공동연구반을 운영하는 등 신중한 행보를 보였다.

국민의힘은 당 소속 광역단체자들의 거센 비판 때문인지 여당의 특별TF는 메가시티라는 단어 대신 '뉴시티 프로젝트 특위'로 만들어 비수도권 지역에서도 메가시티 건설을 추진하기로 했다. 조경태 국민의힘 뉴시티 특위위원장은 "국가 균형발전을 위해 서울, 부산, 광주 3축을 중심으로 한 메가시티가 이뤄져야 하고, 대구, 대전도 활발히 논의되면 그 도시들도 메가시티 화하는 게 바람직하다고 본다."고 했다.

서울 메가시티화는 국토 균형발전 차원에서 쉽게 결정할 일이 아니다. 헌법 123조 2항은 '국가는 지역 간의 균형있는 발전을 위하여 지역 경제를 육성할 의무를 진다.'라고 명시하고 있다. 이를 구체화한 국가균형발전특별법 3조는 국가 및 지자체는 지역 간의 균형있는 발전과 지역의 특성에 맞는 자립적 발전을 위해 필요한 예산을 확보하고 지역 주도의 관련 시책을 수립, 추진하여야 한다고 규정하고 있다.

쏟아지는 비판에 입법 만능주의 시각도 보여

헌법과 개별 법령뿐만 아니라 지역 균형발전은 윤석열 정부의 6대 국정과제 중 하나이다. 윤 대통령은 수도권 비대화로 고사 위기에 처한 지역 발전을 위해 지방시대위원회를 대통령 직속으로 출범시켰다. 역대 정부에서 제각각 추진하던 지방분권과 균형발전을 하나의 조직에서 수립해 지지부진하던 균형발전을 가속화하겠다는 것이다. 이를 토대로 지방시대 5대 전략도 발표했다.

김기현 대표는 집권 여당의 대표이다. 헌법 정신과 정부의 국토 균형발전과 지방시대 청사진에 반대하지 않을 것이다. 그렇다면 김포지구당 위원장처럼 정치 행보는 하지 말았어야 했다.

김포시의 서울 편입이 가져올 부작용을 따져봤어야 했다.

김 대표가 보인 행태는 전형적인 정치쇼이자 '내로남불'이었다. 소속 시도지사들이 비수도권 균형발전 방안없이 서울만 키운다고 비판하자 비수도권 메가시티도 추진하겠다는 등 입법 만능주의 사고를 드러냈다.

게다가 김 대표는 야당 시절 문재인 정부가 추진하던 부울경 메가시티를 선거용이라며 비판했었다. 울산이 지역구인 김기현 대표는 부울경 메가시티 추진 때 반론을 제기하지 않았지만, 국민의힘 당대표 경선 중이던 2023년 1월 27일 부산 연제구 부산시청 인근의 한 카페에서 열린 기자간담회에서 "그동안 부울경 메가시티가 추진될 때 사진만 찍는 퍼포먼스만 진행됐을 뿐 성과를 거둔 게 무엇이 있느냐는 의문 부호가 남아 있다."며 부정적 시각을 드러냈다.[16] 애초에 비판했던 부울경 메가시티를 재추진하겠다고 하니, 무책임한 행보에 말문이 막히는 일이 아닐 수 없다.

2.3 비수도권 행정통합 : 부울경, 대구경북

비수도권 입장에서 보면 서울의 메가시티화는 속이 터질 노릇이다. 수도 서울은 우리나라의 블랙홀이나 다름없는 상태이다. 현 상태에서도 주민의 서울로의 탈출을 막기가 버거운 마당에 서울을 더 살기 좋은 지역으로 만든다면 지방의 자립이라는 꿈은 그만큼 더 달성하기 어려울 수밖에 없기 때문이다.

이처럼 비수도권이 소멸 위기에 처한 상황이라면 이웃끼리 힘을 합쳐 자생력을 키울 생각을 하는 것이 정상일 것이다. 그런데 우리나라 지자체 간 자발적인 통합 사례는 2010년에 마산시, 창원시 그리고 진해시 간의 통합이 유일하다. 이 통합으로 인구 100만 명이 넘는 통합창원시가 탄생했다. 당시 46개 시군에서 정부의 자치단체 자율 통합 지원 계획에 따라 통합을 추진했으나 실제로 통합한 곳은 통합창원시뿐이었다. 그만큼 지역의 기득권 타파가 쉽지 않다는 것이다.

부울경 메가시티에서 부경 행정통합으로

지방소멸을 극복하기 위해 몇 년 전부터 나왔던 부울경 메가시티 논의도 마찬가지 경로를 밟고 있다.

부산, 울산, 경남을 묶는 메가시티 구상은 2019년 당시 여당이던 더불어민주당 소속 김경수 경남지사의 주도 아래 같은 당인 오거돈 부산시장과 송철호 울산시장이 의기투합하면서 추진됐다. 제조업 기반이 있는 경남과 울산이 대도시의 여러 장점을 지닌 부산과 결합하면 시너지 효과를 내면서 수도권 못지않은 주민 수 700만 명의 대도시권으로 성장할 수 있다는 구상이었다. 서울을 중심으로 한 수도권 일극체제에서 벗어나 지방 다극체제로 지역 균형발전을 도모할 수 있다는 것이다. 당시 구상은 부산, 울산, 경남 간 초광역 협력을 통해 2040년까지 인구를 1,000만 명으로 늘리고 지역내총생산을 당시 275조에서 491조 원으로 끌어 올리는 것이 목표였다. 부산, 울산, 경남 지역을 어디든 한 시간대로 이동할 수 있게 하는 광역대중교통망 확충안도 있었다.

이후 오거돈 시장이 성추문으로 낙마하면서 2021년 4월 실시된 보궐선거에서 부산시장이 국민의힘 박형준 시장으로 바뀌었다. 하지만 박 시장도 부울경 메가시티에 찬성하는 입장이었다. 당은 달랐지만 지역 발전을 위해 합심한 것이었다.

2021년 1월 지방자치법 전면 개정으로 부울경 메가시티를 추진할 특별자치단체의 설치 근거가 마련됐고 이를 바탕으로 부산, 울산, 경남은 발전계획 수립 공동연구와 실무회의를 이어나갔다.

그 결과, 2022년 4월 19일 부산, 울산, 경남 3개 지자체가 모여 부울경 메가시티 출범을 공식화했다. 그 다음달 9일 실시된 20대 대통령 선거에서 정권이 더불어민주당에서 국민의힘으로 바뀌었지만 윤석열 대통령도 지방시대를 강조하면서 대선 때부터 부울경 메가시티를 확실하게 하겠다고 공약한 만큼 부울경 메가시티 추진은 계속 이어질 것으로 전망됐다.

하지만 두 달 뒤 치러진 2022년 6월 지방선거에서 부울경 모두 단체장이 국민의힘 소속으로 바뀌면서 2023년 1월로 예정된 부울경 특별연합 출범 기류에 변화가 생겼다.

부산, 울산, 경남은 전통적으로 보수 성향의 지역이다. 그런데 박근혜 탄핵을 계기로 민주당 정권이 들어서면서 부산, 울산,

경남 3개 단체장 자리를 민주당이 장악한 것은 물론, 3개 지방의회에도 민주당이 다수 진출하는 기념을 토했었다.

하지만 오거돈 부산시장의 성추문과 김경수 경남지사의 댓글조작 사건 등으로 2022년 6월 지방선거에서는 기존처럼 보수당인 국민의힘이 단체장을 차지하게 됐고 의회도 마찬가지였다. 경남도의회의 경우, 11대 의회 시절엔 국민의힘과 더불어민주당이 거의 대등한 비율이었으나 2022년 6월 지방선거 이후에는 국민의힘 60명 대 더불어민주당 4명으로 권력 구도가 보수당으로 완전히 쏠렸다.

새롭게 당선된 국민의힘 소속 단체장들은 각각 특별연합 출범 타당성에 대한 용역을 의뢰했고 그 결과, 실효성이 없다는 결론을 받았다. 이후 그해 10월 부산시청에서 박형준 부산시장, 박완수 경남지사, 김두겸 울산시장은 "특별연합은 실효성과 효율성에 문제가 있어 출범이 어렵다."며 이를 대체할 모델로 경제동맹 출범에 합의했다.[17] 이후 경남도의회와 울산시의회에서 그해 말에 하루 차이로 잇따라 특별지자체 규약을 폐지했고 부산시의회는 이듬해인 2023년에 가세했다.

이런 기류 변화에 대해 더불어민주당 경남도당의 송순호 위원장은 "정부가 부울경 특별연합에 지원하기로 한 34조 원은 경남의 4년치 예산에 맞먹는 엄청난 규모의 예산으로 경남에 굴러온 복덩어리"라면서 "그런데 이 굴러온 복을 도지사 한 사람이 맘에 안든다고 발로 차버리는 사건이 발생했다."고 회상한다. 그러면서 "박 지사가 옥상옥 등의 (폐지) 이유를 대지만 다른 것은 없고 정치적 이유 때문"이라고 덧붙였다. 국민의힘 입장에서는 부울경 특별자치연합은 문재인 정부 시절 김경수 경남지사가 공을 들인 작품이다. 그런데 이 광역행정 모델이 성공하게 되면 그 과실은 더불어민주당이 가져가게 되고 이는 국민의힘에게 정치적으로 불리하다고 판단했을 것이라는 지적이다.

부울경 메가시티화의 논의 초기에 울산에서 근무했던 한 고위공무원도 부울경 특별연합에 대해 지역별로 온도차가 있었다고 회상한다. 부산은 적극적이고 경남은 중간, 울산은 소극적이었다는 것이다. 세 지역이 통합하면 수도는 아무래도 부산이 될 것이고 그렇게 되면 변방에 있는 울산으로서는 통합의 이점이 많지 않을 것으로 본 것이다.

더불어민주당 소속의 거제, 양산, 김해, 창원시 시의원 26명도 부울경 특별연합은 도민을 넘어 보수, 진보, 여야, 부산, 울산, 경남 가릴 것 없이 정치권과 지역이 한 팀으로 추진한 사업으로, 박완수 지사는 국회의원 때 부울경 특별연합의 설치 근거를 마련한 지방자치법 전면개정에 찬성했었다며 당선 두 달만에 실익이 없다는 궁색한 말로 탈퇴를 하려는 것이냐며 비판했다.[18]

전 국민의 50% 이상이 수도권에 거주하는 등 수도권 비대화로 교통혼잡, 주거 부족, 출퇴근지옥과 같은 각종 비효율을 이대로 둘 수 없기에 수도권에 필적하는 지역의 중심축을 만들기로 했고 그 첫 출발점이 부울경 특별지자체를 만들어 초광역 차원에서 대응하려는 것이었다.

이러한 취지에 공감한다면 자치단체장이 바뀐다고 하더라도 그대로 추진했어야 한다. 더군다나 박완수 경남도지사는 국회

의원 시절 특별자치연합을 구체화하는 내용이 담긴 지방자치법 전면개정에 찬성한 의원이었다.

현재 부산, 울산, 경남은 경제동맹을 추구하고 부산과 경남은 이와 별도로 행정통합을 모색하고 있다. 만약 부산, 울산, 경남이 무산시킨 특별연합이 출범하더라도 3개 시도 단체장 지위에는 아무런 변화가 없다. 광역행정사무에 대해서만 3개 단체장이 1년씩 특별연합회장 자격으로 일하는 방식이었다.

반면 부산, 경남 간 행정통합은 단체장 두 자리를 하나로 만드는 것이기에 더 어려운 일이다. 단체장 지위를 유지하면서 광역행정에서만 효율성을 기하는 특별자치연합도 성사시키지 못한 상태에서 광역지자체장 자리를 하나 날리는 것에 동의한다니 어이가 없다. 이에 대해 김두겸 울산시장은 "울산이 부울경 행정통합에 포함되는 일은 절대 없을 것"이라면서 "행정통합은 규모의 경제를 키워보자는 것인데 수도권은 교통 인프라 발달로 의료, 교육, 문화 등 생활권이 하나로 묶이지만, 그런 인프라가 없는 지방자치단체를 강제로 묶는다고 그런 효과를 기대할 수 있겠느냐."[19]고 반문했다. 울산시장의 행정통합 반대에 대한 의지를 감안하면, 부산, 울산, 경남이 메가시티로 될 가능성은 낮아 보인다. 다음 지방선거에서 정치인들의 인식 변화나 권력 구조 개편 없이는 실현되기 어려울 것이다.

수도권은 인구 기준으로나 경제 인프라 면에서 이미 '슈퍼 메가시티'다. 거미줄 같은 교통망과 산업 인프라가 있는 만큼 인접 도시를 편입해 추가적인 집적 경제 효과는 거둘 수 있을지 모르나 그로 인한 비수도권의 피해는 더욱 커질 것이다. 수도권이나 동남권이나 지자체가 형식적인 지방분권인 상황에 놓여 있는 것은 마찬가지다. 하지만 수도권은 집적의 효과를 내고 있다. 부산, 울산, 경남이 지금처럼 제각각 행정권역 단위로 살림을 살면 지역의 경쟁력은 더욱더 떨어질 것이다.

대구경북 행정통합

수도권 쏠림이 커지면서 지방은 소멸 위기에 놓여 있다. 경기도가 분도를 추진할 정도로 수도권은 비대화한 상황이다. 이런 위기 상황에서 생존을 걱정하게 된 비수도권 지자체들이 부산울산경남 특별자치연합 추진, 대구경북 행정통합 같은 논의를 하게 된 것이다. 강원도, 전북도처럼 기존의 광역지자체의 권한을 더 확대하는 특별자치도 출범으로 성과물을 내기도 했다.

특별자치도는 지자체의 권한을 확대하는 것이기에 별다른 문제는 없다. 하지만 지자체 간 느슨한 자치연합이든 완전한 통합이든 지방자치단체 간 합의는 늘 문제다. 단체장들이 의욕을 보인다고 하더라도 지방의회, 지역 주민들이 공감하지 않으면 무산되기 마련이고 그 반대도 마찬가지다.

부울경 특별자치연합이 느슨한 통합이라면 대구경북 행정통합은 완전한 통합이다. 부산, 울산, 경남도지사가 각각 자신의 단체장 지위를 그대로 유지하면서 교통, 상하수도 등 광역행정에서 힘을 모으자는 것이 부울경 특별자치연합이다. 반면 대구경북 행정통합은 대구 8개 구군과 경북 23개 시군을 합쳐 인구

수 500만 명의 특별자치단체로 만들어 서울에 버금가는 도시로 만든다는 발상이다.

대구경북 행정통합은 2021년 시도공론화위원회를 만들며 분위기를 띄웠고 2024년 5월 20일 홍준표 대구시장이 자신의 페이스북을 통해 구체적으로 제안하면서 급부상했다. 홍 시장은 대구경북 통합지자체의 성격을 서울특별시처럼 행정안전부의 통제를 받지 않고 총리실의 지휘만 받는 '2단계 행정체계'로 제시했다. 이철우 경북지사도 이 제안 이후 현재의 지자체 위상을 뛰어넘는 '완전한 자치정부'로 만들자며 화답했다.

정부에서도 이러한 대구, 경북 간 통합 논의를 환영했다. 이상민 행정안전부 장관은 두 시도간 통합 의미에 대해 "수도권에 상응하는 수준의 광역경제권을 형성해 수도권 일극체제가 다극체제로 전환되는 출발점이 될 것으로 보인다."고 평가했다.

전국 어디서나 살기 좋은 지방시대 구현을 선언한 윤석열 대통령은 이상민 행정안전부 장관에게 대구경북 통합 지원 방안을 마련하라고 지시했다. 이후 이 장관은 두 단체장 그리고 우동기 지방시대위원장과 함께 2024년 6월에 연내 대구경북 통합특별법 제정, 2026년 7월 1일 통합자치단체를 출범시킨다는 일정을 제시했었다.

그런데 경북도의회에서 다른 목소리를 쏟아냈다. 느슨한 행정연합도 아닌 500만 명의 지역 통합이 갖는 역사적 의미나 주민의 삶에 미치는 영향을 감안하면 93명의 시도의원들이 아닌 500만 시도민의 의사를 직접 물어야 한다는 주장이었다.[20] 이런 기류는 경북도청이 이전한 안동시의회와 예천군의회, 경북

북부 지역 주민들을 중심으로 강하게 나왔다. 이런 주민들의 의견을 반영한 주민투표에서 통합안이 부결된다면 정치적 책임을 지고 시도지사직을 내놔야 한다는 목소리도 나왔다.

이에 홍준표 대구시장은 자신이 제안한 합의 논의 시한 하루 전인 2024년 8월 27일 전격적으로 통합 무산을 선언했다. 홍 시장은 자신의 사회관계망서비스(SNS)를 통해 "오늘 경북도의회가 대구시장 성토장이 된 것은 유감"이라며 "최종 시한이 내일까지이지만 경북도의회 동의는 어려울 것 같다. 대구경북 통합 논의는 장기 과제로 돌리고 우리는 대구 혁신에만 집중하는 게 갈등을 수습하는 방안이 될 것 같다."고 적었다. 이에 대해 이철우 경북지사는 "시군 권한과 청사 문제로 (행정통합이) 무산되면 역사의 죄인이 된다."며 "한 달간 공론의 과정을 갖고 전문가와 주민 의견을 들어 시군 권한과 청사 문제를 9월 말까지 결론 내자."고 추가 논의를 요청했다.[21]

이런 논의 과정을 거쳐 2024년 10월 21일 대구, 경북, 행정안전부, 지방시대위원회가 대구경북특별시 출범 목표를 재확인했다. 하지만 갈 길은 험난하다. 안동, 영주, 예천 주민들은 포항시청 앞 광장에 모여 시도민 의견 수렴 없이 광역단체장과 정부에서 일방적으로 추진하는 행정통합은 절대 지방소멸 위기 극복의 해법이 될 수 없다며 밀실에서 추진하는 행정통합추진을 중단하고 도민의 목소리를 경청하라고 촉구했다. 주민들이 동의하더라도 국회에서 대구경북 행정통합특별법을 통과시켜야 행정통합이 완성된다.

서울도 지방이다

대한민국에서 지방은 어떤 이미지를 떠올리게 할까?

KBS 등 공중파 방송에는 평일 저녁 시간대에 연예인들이 시골 마을에 가서 어르신들의 소소한 일상을 도와주는 프로그램들이 있다. 연로하신 어르신들이 집안일이나 농사일을 하고 싶어도 기력이 딸려 제대로 하지 못하던 것을 젊은이들이 도와주니 고마운 일이 아닐 수 없다.

방송사에서 이런 프로그램을 만든 이유가 시청자들에게 경로효친 사상을 고취하기 위해서인지, 아니면 중앙에서도 지방에 관심을 두고 있음을 보여주기 위해 만든 것인지, 어느 쪽인지 모르겠다. 하지만 이런 프로그램을 볼 때면 오랜만에 자식이나 손자 같은 젊은이들을 만난 할아버지, 할머니들의 웃는 모습에 절로 미소를 짓게 된다.

그러나 한편으로는 아쉽다는 생각도 든다. 오락 프로그램이라고 하더라도 출연자들이 단순히 어르신들의 농사일을 도와주는 것으로 끝낼 게 아니라 시골에 젊은이들은 보이질 않고 노인들만 모여 사는 모습에 대해 한마디 탄식이라도 내뱉는다면 좋겠다는 생각을 해본다.

할아버지, 할머니가 살던 시골 마을을 생각하면 동구 밖에 뛰어놀던 아이들의 웃음소리와 밥 먹으러 오라고 부르는 할머니의 목소리가 귓전에 맴돈다. 공중파에 소개되는 시골 마을도 우리 고향이나 다름없는데 아이들은 보이지 않고 노인들과 길고양이밖에 없다니 안타깝다면서 시골 공동화 현상을 안타까워하는 대화라도 주고받으면 어떨까.

'개그'를 '다큐'로 받아들인다고 생각할 수도 있겠지만 이런 사회적 의미를 전달할 수 있는 오락 프로그램이라면 가짜뉴스에 지친 시민들에게 정서적 안정감을 주며 시청률도 올라갈 수 있을 것이다.

이러한 아쉬움은 행정부나 입법부가 지방소멸을 바라보는 인식에서 더 강하게 남는다. 역대 거의 모든 정부나 국회는 지역 균형개발과 지방분권을 강조했다. 수도권 집중 억제를 법으로 강제하고, 민선 지방자치제를 시행하면서 지방의 주도력을 키우려 했다는 것이다.

1970년대의 제1차 국토종합개발계획(1972~1981년)에 따라 국가 경제는 비약적으로 발전했지만, 그 성장 속도만큼 지역 간 발전 격차도 확대되었다. 이에 따라 1982년 제2차 국토종합개발계획(1982~1991년)부터 정부는 전국을 고르게 발전시키기 위한 균형발전 정책을 시작하였고, 이는 이후 정부가 추진했던 국토개발 정책의 중요한 정책 지향점이 되었다. 제3차 국토종합개발계획(1992~2001년)은 균형발전 정책 기조를 따라 지방도시 및 농어촌 집중 개발과 수도권 집중 억제를 함께 추진하였다. 수도권 집중 억제를 위한 공공기관 지방 이전과 함께 수도권과 지방의 조세 및 금융 지원 차별화가 추진되었다. 처음으로 20년 계획 주기로 마련된 제4차 국토종합계획(2000~2020년)은 '더불어 잘 사는 균형 국토'를 첫 번째 기본 목표로 설정하면서 균형개발을 통해 지역 간 통합을 적극 모색하였다. 제4차 국토종합계획이 시행 중이었던 2000년대 초반 균형발전이 국정과제로 승격되었고, '국가균형발전특별법' 제정을 통해 정책 추진의 제도적 기반도 마련되었다.

하지만 실상은 어떠한가.

서울, 인천, 경기도는 수도권으로 부른다. 수도권은 비수도권 지역에 비해 사회 인프라가 월등히 잘 갖춰져 있다. 취업이나 문화 향유 기회, 주택 보급 등 모든 사회 인프라가 비수도권에 비해 압도적으로 우월한 지역이다. 서울공화국, 수도권 일극체제라는 말이 나오는 이유이다. 인적, 물적 자원이 수도권으로 몰리지 않는 것이 이상할 정도다.

국토종합계획의 변천

	수립 배경	비전 및
제1차 국토종합개발계획 (1972-1981)	• 국력의 신장 • 공업화 추진	• 국토 이용 관리 효율화 • 사회 간접 자본 확충
제2차 국토종합개발계획 (1982-1991)	• 국민 생활 환경의 개선 • 수도권의 과밀 완화	• 인구의 지방 정착 유도 • 개발 가능성의 전국적 확대
제3차 국토종합개발계획 (1992-2001)	• 사회 관접 자본 시설 미흡에 따른 경쟁력 약화 • 자율적 지역 개발 전개	• 지방 분산형 국토 골격 형성 • 분산적 자원 절약적 국토 이용 체계 구축
제4차 국토종합계획 (2000-2020)	• 21세기 여건 변화에 주도적으로 대응 • 국가 융성과 국민 삶의 질을 확보하기 위한 새로운 국토 비전과 전략 필요	비전 • 21세기 통합 국토 실현 목표 • 더불어 잘사는 균형국토 • 자연과 어우러진 녹색국토
제4차 국토종합계획(수정) (2006-2020)	• 분권-분산에 입각한 균형 발전 추진 • 행정 중심 복합 도시 등 국토 공간 구조 변화 반영 • 남북 교류 협력 확대 및 대외 환경 변화에 대응	비전 • 약동하는 통합 국토의 실현 목표 • 더불어 잘사는 균형국토 • 자연과 어우러진 녹색국토
제4차 국토종합계획(수정) (2011-2020)	• 국가 경쟁력 국정 방향 • 4대강 살리기 사업 등 국책 사업 반영 • FTA 시대의 글로벌 트렌드를 수용한 글로벌 국토 실현	비전 • 글로벌 녹색국토 목표 • 경쟁력 있는 통합국토 • 지속 가능한 친환경국토
제5차 국토종합계획 (2020-2040)	• 인구 감소와 구조 변화로 국토 정책 방향 전환 불가피 • 경제 성장 잠재력 둔화와 양극화 • 기후 변화 대응과 삶의 질에 대한 정책 요구 증가 • 4차 산업 혁명 시대에 적합한 혁신적 생활 공간 조성과 국토 관리 • 남북 교류 협력확대와 국가 간 주도권 확보 경쟁 심화 • 분권화와 참여 확대를 통한 새로운 국토 정책 거버넌스 요구	비전 • 모두를 위한 국토, 함께 누리는 삶터 목표 • 어디서나 살기 좋은 균형국토 • 안전하고 지속 가능한 스마트 국토

'한강의 기적'으로 상징되는 우리나라의 고속 성장은 정부와 민간이 피, 땀, 눈물을 함께 쏟으며 이뤄낸 것이나 이 과정에서 수도권 집중, 서울공화국이라는 쉽사리 지우기 어려운 그림자를 남겼다. 바꿔 말하자면 정부에서 지역 균형발전과 지방분권을 주장하면서도 효율성을 위주로 한 정책과 예산을 집행한 결과, 수도권 중심의 발전과 집중화를 초래했다. 균형을 잡겠다는 정책 의도와 달리 더 '기울어진 운동장'이 된 셈이다.

수도권 집중화를 긍정적으로 평가하는 사람들은 각종 인프라가 상대적으로 잘 갖춰진 수도권 발전 효과로 다른 지역의 발전을 이끄는 게 좋다고 주장한다. 하지만 이런 서울 중심의 시

목표	추진 전략 및 주요 정책 과제	
• 국토 자원 개발과 자연 보전 • 국민 생활 환경의 개선	• 대규모 공업 기반 구축 • 부진 지역 개발을 위한 지역 기능 강화	• 교통 통신, 수자원 및 에너지 공급망 정비
• 국민 복지 수준의 제고 • 국토 자연환경의 보전	• 국토의 다핵 구조 형성과 지역 생활권 조성 • 서울 부산 양대 도시의 성장 억제 및 관리	• 지역기능 강화를 위한 교통, 통신 등 사회 간접 자본 확충 • 후진 지역의 개발 촉진
• 국민 복지 향상과 국토 환경 보전 • 남북 통일에 대비한 국토 기반의 조성	• 지방 육성과 수도권 집중 억제 • 신산업 지대 조성 및 산업 구조 고도화 • 종합적 고속 교류망 구축	• 국토 계획 집행력 강화 및 국토 이용 관련 제도 정비 • 남북 교류 지역의 개발 관리 • 국민 생활과 환경 부문의 투자 증대
• 지구촌으로 열린 개방국토 • 민족이 화합하는 통일국토	• 개방형 통합 국토축 형성 • 지역별 경쟁력 고도화 • 건강하고 쾌적한 국토 환경 조성	• 고속 교통 정보망 구축 • 남북한 교류 협력 기반 조성
• 지구촌으로 열린 개방국토 • 민족이 화합하는 통일국토	• 행정 중심 복합 도시 건설, 공공 기관 지방 이전, 혁신 도시 기업 도시 건설 추진 • 개방형 국토축 + 다핵 연계형 국토 구조, π형 국토축(7+1) 구조	
• 품격 있는 매력국토 • 세계로 향한 열린국토	• 광역 경제권 형성으로 지역별 특화 발전, 글로벌 경쟁력 강화 • 지역 특성을 고려한 전략적 성장 거점 육성 · 5+2 광역 경제권	
• 건강하고 활력 있는 혁신국토	• 개성 있는 지역 발전과 연대, 협력 촉진 • 지역 산업 혁신과 문화 관광 활성화 • 세대와 계층을 아우르는 안심 생활 공간 조성	• 품격 있고 환경친화적 공간 창출 • 인프라의 효율적 운영과 국토 지능화 • 대륙과 해양을 잇는 평화 국토 조성

자료_ 국토교통부, 대한민국 국가지도집 III, 2021

2장 정치가 망치는 균형발전

각이 서울 과밀화와 지방소멸을 가져왔다. 만약 역대 정부에서 서울 중심의 발전에 앞서 지방 발전에 더 의지를 갖고 지역 균형개발과 지방분권을 제도화했다면 서울공화국이나 수도권 일극체제라는 말은 나오지 않았을 것이다. 지방소멸대응기금, 지역인재 전형 등의 지방지원책도 마찬가지다.

정치, 경제, 사회적 자본이 수도권에 쏠린 불균형사회가 현재의 우리 사회이다. 이런 실정이다 보니 수도권 거주자에 비해 비수도권 거주자는 대체로 약자다. 수도권 지역에 비해 정치, 경제, 문화, 모든 일상생활에서 선택할 게 적거나 선택조차 허용되지 않기 때문이다. 비수도권 지역에 사는 사람들에게 소멸위기에 놓인 지방이라는 단어는 못난 사람들이 사는 곳이 지방이라는 차별과 조롱의 용어로 비춰질 수도 있다.

하지만 비수도권 거주자는 스스로를 원망하거나 자책할 필요없다. 탐욕을 적절히 제어하지 못하는 부조리한 사회 시스템이 문제지 지역민들이 잘못한 건 없기 때문이다.

지방소멸론은 지역 간 불균형을 개선하려는 정부의 정치적 의지가 담긴 표현이라 믿는다. 하지만 이런 신뢰를 받으려면 그간의 국가 운영이 지방 불균형과 지방소멸 위기를 초래했다는 점을 반성하고 이를 되풀이하지 않겠다는 의지를 구체적 행동으로 옮겨야 한다. 그동안 정부로서는 권한을 내려놓기가 싫거나 지자체가 지역 문제를 주도적으로 해결할 역량을 갖고 있지 못하다는 의심을 한 것인지 모른다. 하지만 정부가 진정 지방소멸을 걱정한다면 지역 문제 해결을 위해 지방자치단체의 역할과 권한을 강화하는 방안을 고민해야 한다.

　지방 입장에서 보자면 지역 불균형과 지방소멸 위기는 중앙정부의 정책 실패에서 생긴 것이다. 지역 문제에 대해서는 그 지역을 잘 아는 지자체가 주도권을 갖고 해결할 수 있도록 해야 하는데 정부가 사사건건 보고받고 간섭하면서 문제를 제대로 풀지 못하고 있다는 것이다. 달리 말하자면, 지방분권에 대한 정부와 지방 간 인식 차이가 있는 것이다.

　더불어민주당의 이개호 의원이 2024년 6월 10일 22대 국회 1호 법안으로 '지방자치단체 기금관리기본법 일부개정법률안'을 대표 발의하면서 국회에 제출한 법안의 제안 이유 및 주요 내용은 이러한 점을 절절히 인정하고 있다.

　　우리나라 합계출산율은 0.7명으로 유례없는 출산율 감소로 2021년을 기준으로 72년만에 절대 인구가 줄기 시작하면서 이로 인한 농어촌지역과 지방이 소멸에 직면하고 있음. 그동안 정부는 지방소멸 위기 극복을 위한 다양한 정책(청년지원, 귀농 귀촌, 출산 지원)을 추진해 왔지만 인구 감소 및 수도권 집중을 막지 못한 것이 현실임.
　　이제는 출산율 제고, 인구 유출 방지라는 단순한 접근보다는 그동안 중앙정부에서 획일적으로 추진해 온 지방 인구 감소 방지 정책에서 벗어나 위기의 당사자인 지방이 주도하면서 일시적 처방이 아닌 장기적 호흡으로 문제를 풀어나갈 수 있도록 중앙정부 차원에서 지속적인 지원과 보장이 이루어져야 함.
　　정부는 「인구감소지역 지원 특별법」 시행에 따라 「지방자치단체 기금관리기본법」에서 지방소멸대응기금을 조성하여 운용해 오고 있음. 그러나 현행 「지방자치단체 기금관리기본법」은 2031년까지 한시적으로 운영되도록 규정하고 있고 그 재원도 매년 1조 원 수준에 그치고 있음.

이로 인해 사업의 주체인 지자체에서 장기적이고 안정적인 사업을 발굴하고 추진할 수 없어 연례적으로 소규모 사업만 반복하고 있는 실정임.

또한 재원의 규모도 전국 지자체에 1조 원 수준의 예산만 지원하고 있어 인구 감소 현상이 심각한 지자체들이 충분한 대책을 수립하기에는 역부족인 현실임.

이에 기금의 재원 규모를 2배로 확대하고 2031년까지 되어 있는 한시성을 폐지하여 농어촌지역과 지방의 인구소멸 방지 대책을 효과적으로 추진하기 위한 근거를 마련하려는 것임(안 제23조 제1호 등).

이 의원은 이와 관련해 "지방소멸을 근본적으로 막기 위해서는 그동안 중앙정부에서 획일적으로 추진해온 인구 감소 대책에서 벗어나 위기의 당사자인 지방이 주도하면서 장기적이고 안정적으로 문제를 풀어나가도록 국가적 차원의 지속적 지원이 필요하다."면서 "농어촌, 지방을 지역구로 둔 국회의원으로서 앞으로도 농어촌과 지방의 지속가능한 발전과 새로운 먹거리 발굴을 통한 지방소멸 방지 정책을 최우선으로 추진해 나갈 것"이라고 밝히고 있다.

말하자면 지방 문제 해결의 접근 방식을 중앙 주도에서 지방 주도로 전환해야 한다는 것이다. 이러한 인식 전환이 지방소멸 해법의 토대가 되어야 한다.

차제에 서울도 지방임을 인식해야 한다.

서울은 수도라는 특별한 지위를 부여받으면서 대한민국의 정치, 경제, 사회적 자원을 모두 보유한 도시지만 서울지방국세청, 서울지방경찰청, 서울지방변호사회 등의 정부 조직 명칭에서도 알 수 있듯 부산 등 나머지 도시와 마찬가지로 지방이다.

그런데 지방소멸을 말할 때면 항상 서울은 제외된다. 서울은 지방이면서 지방이 아닌 셈이다. 서울공화국이나 수도권 일극체제라는 말은 국가 자원이 서울 지방을 중심으로 한 수도권에 쏠리면서 나왔다.

서울중심주의 사고로 지방 지원은 한계 있어

지방소멸이나 지역 균형발전은 서울 폭식 해소책이어야 한다. 이와 함께 서울 중심의 시각에서 지방을 지원하는 수준으로는 극복하기 어려울 것이다. 지금까지 이런 서울 중심의 시각에서 정책을 펴왔으나 그 결과는 여전히 지방소멸 위기를 걱정하고 있는 현실이다.

서울로 인적, 물적 자원이 쏠리는 건 일자리 등 경제적 기회와 교육, 교통, 의료 등 삶의 질을 높일 수 있는 물적 인프라가 잘 갖춰져 있어서다. 반면 지방은 이러한 물적 인프라가 빈약하기에 있던 젊은 사람들마저 서울로 탈출하면서 소멸 위기에 내

몰려 있다.

비수도권도 서울 못지않은 일자리와 교육, 의료서비스 등 생활 인프라를 갖춘 지역으로 만들어야 서울 쏠림 현상을 해소할 수 있을 것이다.

윤석열 대통령은 '전국 어디서나 살기 좋은 지방시대'를 국정운영의 핵심과제 중 하나로 내걸었다. 대통령이 말하는 지방은 어떤 지방을 말하는 것일까. 서울은 지금도 상대적으로 다른 지방에 비해 살기 좋은 지방이니 서울보다는 소멸 위기에 내몰린 농어촌과 비수도권 지역을 말한다고 봐야 한다. 이런 지역에서 살더라도 교육, 교육, 복지 등 공적서비스는 서울 지방과 같은 수준에서 제공받을 수 있도록 만들겠다는 뜻이다. 그러려면 지역 간 격차 해소부터 해야 한다.

3 장

역대 정부의 균형발전 정책 평가

과거를 알아야 미래를 제대로 준비할 수 있다. 역대 정부별 균형발전 정책의 흐름을 살펴본다.

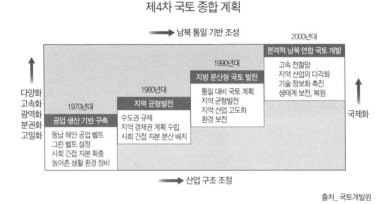

제4차 국토 종합 계획

출처_국토개발원

3.1 박정희 정부 시절

박정희 정부는 '우리도 한번 잘 살아보세'라는 새마을운동 노래에서 드러나듯 빈곤 탈출과 경제 부흥이 최우선 국정과제였다. 3년 여에 걸친 한국전쟁으로 국토 곳곳이 폐허가 된 터라 국가 재건이 지상 목표였다.

대한민국 정부는 제1차 경제개발5개년계획을 실천함에 있어서 종합 제철 공장, 비료 공장, 정유 공장, 기타 관련 산업을 건설하기 위해 경상남도 울산군 울산읍, 방어진읍, 대현면, 하상면, 청량면 두왕리, 범서면 무거리 다운리, 농소면 화봉리 송정리를 울산공업지구로 설정함을 이에 선언합니다.

1962년 2월 3일 국가재건최고회의 의장 육군 대장 박정희

울산군 장생포 납도(현 동양나이론 동쪽 언덕) 허허벌판에서 열린 우리나라 최초의 국가산업단지 기공식에서 당시 박정희 대장이 낭독한 선언문이다. 박정희 대장의 선언문 낭독이 끝나자 본격적인 공사 시작을 알리는 발파가 시작됐고 참석한 수천 명의 주민들은 박수로 환호했다. 한강의 기적으로 이어진 울산발 조국 근대화의 시작이었다.

울산공업지구 지정은 제1차 경제개발5개년계획(1962~1966년)에 따른 국가 경제 발전 사업이다. 박정희 정부는 1962년부터 1976년까지 울산에 7,900억여 원이라는 천문학적인 돈을 들여 도로, 공업용수 확보를 위한 댐, 송·배수관 증설, 항만, 공장 등을 건설했다.[22] 울산은 이러한 정부의 집중 투자와 함께 그해 6월부터 시로 승격하면서 공업도시로 변신했고 이후 자동차, 조선, 석유화학 등 3대 주력 산업을 중심으로 우리나라의 수출과 경제 성장을 이끄는 산업수도 역할을 해왔다.

울산미포국가산업단지와 인접한 울산시 남구 문화시설에 보관된 울산공업지구 지정을 축하하는 '국가재건최고회의의장 육군대장 박정희' 명의로 된 기념비에는 "사천 년 빈곤의 역사를 씻고 민족 숙원의 부귀를 마련하기 위하여 우리는 이곳 울산을 찾아 여기에 신공업도시를 건설하기로 하였습니다."라는 글이 적혀 있다.[23]

경인, 경부고속도로에 이어 1969년 12월 29일에는 울산공업단지에서 나오는 산업 물동량 운송을 위해 울산~언양간 왕복 4차선의 고속도로도 개통했다. 1970년 3월에는 기계, 전기, 금속 토목, 공업화학 등 5개 학과에 신입생 200명으로 울산공대를 개교했다.

박정희 대통령은 국가 주도의 경제개발을 독려하는 한편 지역 균형발전에도 관심을 보였다. 토지, 수자원의 이용, 산업화와 사회 간접 자본 건설, 지역 균형발전 및 인구 분산, 환경 보호 및 방재를 포괄하는 국토 건설을 추진하기 위해 국토건설종합계획법을 1963년에 제정했다. 1968년에는 최초의 중장기 국토계획인 국토계획 기본구상을 마련하고 제1차 국토종합개발계획(1972~1981년)을 만들었으며 1972년에는 비도시지역에서도 계획적인 토지 이용을 할 수 있도록 국토이용관리법을 제정했다.

1973년에는 도시의 과도한 팽창을 방지하기 위해 대도시 주변에 녹지대를 설정하게 하는 대도시 성장 억제 정책의 하나로 개발제한구역을 지정했다. 특히 국가 주도 개발 계획이 적극적으로 펼쳐지면서 전국 각지에서 일자리를 찾아 서울로 사람이 몰리면서 1972년에 서울 인구 600만 명을 마지노선으로 제시하며 국가 균형발전을 고민했다.

국가기록원[24]에 따르면 박정희 대통령의 행정수도 이전 구상은 1975년 7월 처음으로 나왔다. 서울이 휴전선과 가까이 있어 전쟁 수행면에서 취약하고, 수도권의 인구 증가를 생각해 행정수도를 이전해야겠다고 언급한 것이다. 이런 사실은 2년 뒤인 1977년 2월 10일 서울시 연두순시에서 일반 시민들에게도 공개됐다. 박정희 대통령은 "서울 인구 분산을 위해 1시간 거리에 임시 행정수도를 건설하는 구상을 하고 있다."고 밝혔다. 당시 언론은 이를 대대적으로 보도했다.

그해 7월에는 임시행정수도 건설특별조치법을 만들고 충남 장기를 잠정적인 행정수도 후보지로 선정했다. 박정희 대통령은 1978년 1월 연두 기자회견에서 수도권 과밀 대책과 안보상의 이유로 임시 행정수도 건설 계획을 밝힌다. 당시 오원철 대통령 제2 경제수석 비서관 겸 중화학기획단장이 만든 행정수도 건설을 위한 백지계획에 따르면 1987년부터 1991년까지 정부기관 이전을 완료하고 이후 1996년까지 생활환경시설을 확충해 인구 50만 규모의 자족도시를 형성하는 것으로 되어 있다.

하지만 이 계획은 박정희 대통령이 1979년 10월 26일 김재규 당시 중앙정보부장의 총을 맞고 사망하게 되면서 무산됐다.

이러한 박정희 대통령의 꿈은 30년이 지난 노무현 정부에서 행정중심복합도시 형태로 부분적이나마 되살아났다. 노무현 대통령은 2002년 대선에서 행정수도 이전을 공약으로 내세워 당선돼 행정수도 이전을 추진했다. 하지만 행정수도 이전 계획은 2004년 헌법재판소의 위헌결정으로 무산됐다. 이후 행정중심복합도시라는 이름으로 중앙부처를 세종자치시로 이전하는 것으로 정리됐다.

박정희 대통령은 국토의 균형발전 방향을 마련하기 위해 국토개발연구원을 만들고 수도권 정비계획법 제정과 행정수도 이전을 위한 백지계획을 추진하는 등 균형발전 정책의 초석을 마련했다고 볼 수 있다.

3.2 전두환, 노태우 정부 시절

전두환 대통령이 집권하던 1982년에는 수도권 억제 정책의 토대가 된 수도권정비계획법이 만들어졌다. 이 법은 수도권을 서울, 인천, 경기도로 정의한 뒤 과밀억제권역, 성장관리권역, 자연보전지역으로 구분하고 있다. 전두환 대통령은 1986년 국정연설에서 경제 정책의 기본 방향 중 하나로 농어촌 발전을 포함한 지방 발전 도모를 강조했다.

아래는 전두환 대통령의 당시 국정연설에 대한 문화체육부의 해설이다.

… 그동안의 경제 성장 과정에서 대도시 중심의 발전이 불가피하게 수반됨에 따라 우리의 농어촌과 저소득층에 대한 정책적 배려가 상대적으로 부족한 감이 없지 않았다. 제5공화국은 출범과 함께 이 점을 직시하고, 복지사회건설을 표방하면서 지역 간, 계층 간의 불균형과 불평등을 해소하고자 끊임없는 관심과 노력을 기울여왔다. 그러나 80년대 전반기까지만 해도 내외경제 여건의 악화로 정책선택의 폭이 제약됨에 따라 모든 국민들에게 복지혜택을 고루 나누어 줄 수 있는 정책을 적극적으로 추진하는 데에는 어려움이 많았다. 이제 80년대 후반기에 접어들면서, 全 대통령이 무엇보다 이 문제의 해결에 역점을 두고 농어촌의 새로운 발전과 저소득층의 복지향상을 천명한 것은, 대통령 자신이 지향해 온 정의와 복지를 기필코 균형있게 구현해 나가

겠다는 강렬한 실천의지를 나타낸 것이라 하겠다.

또한 이 같은 시책의 추진은 지난 5년 동안 지속적으로 이룩해
온 경제발전의 결과, 이제는 성장의 혜택을 국민들에게 고루 나
누어도 우리 경제에 그다지 큰 부담을 주지 않는다는 자신감에
서 나온 것이다.[25]

말하자면 1980년대 초반, 수도권 중심의 발전 불가피성을 설
명하고, 앞으로는 지난 5년간의 경제발전을 토대로 농어촌에도
그 혜택을 골고루 주겠다는 이른바 성장의 '분수 효과'를 강조
한 것이다.

하지만 현실은 달랐다. 1988년 서울올림픽을 유치하면서 수
도권 억제 정책은 완화되었고, 수도권 집중 현상은 오히려 심화
됐다.

노태우 정부 때도 수도권 집중 억제와 지방 중심도시를 중심
으로 한 광역 개발을 추구했다. 하지만 비수도권에서 수도권으
로 사람이 몰리면서 '지하방'이라는 말이 처음으로 등장하는 등
주택 부족 현상이 심화됐다. 이에 폭등하는 집값을 안정화시키
고 주택 부족 문제 해결을 위해 1989년 4월에 5개 신도시(성남시
분당, 고양시 일산, 부천시 중동, 안양시 평촌, 군포시 산본) 건설 계획을 발표한
다. 5개 신도시는 1992년 말 입주가 완료되면서 총 117만 명이
거주하는 29만 2,000가구의 대단위 주거 타운으로 탄생했다.
1985년 69.8%이던 주택보급률은 1991년에는 74.2%로 올랐고
수도권 집중화는 가속화됐다.

3.3 김영삼, 김대중 정부 시절

김영삼 정부는 집권 초기 전 정부의 과오를 반면교사 삼아 수도권 공장총량제 및 과밀부담금제 도입 등 수도권 규제 강화에 나섰다. 하지만 집권 후반기에 들어서 세계화와 경쟁력 강화를 위한 규제 완화 정책을 펴면서 수도권 집중 현상이 견고해졌다. 도농통합 추진과 1995년 자치단체장과 지방의회의원을 주민이 직접 선출하는 주민직선의 지방자치제를 부활시키며 균형 잡힌 국가발전의 토대를 마련했다.

김대중 정부 때는 수도권 집중이 더 가속화됐다. 1997년 외환위기 극복을 위해 외국인 직접 투자에 걸림돌이 되는 수도권 입지규제를 완화하면서 수도권 쏠림 현상이 심해졌다.

3.4 노무현 정부 시절

역대 정부 중에서 균형발전 정책에 관심을 가장 많이 기울인 정부는 노무현 정부라고 할 수 있다. 지역 균형발전 정책을 국정과제로 삼으면서 기존의 개별 부처 단위에서 이뤄지던 수도권 과밀 억제와 지방 불균형 해소 문제를 범정부 차원에서 추진했다.

노무현 정부는 전 정부에서 결실을 보지 못한 국가균형발전특별법은 물론 신행정수도의 건설을 위한 특별조치법과 지방분권특별법까지 제정(2004년 1월)하며 균형발전에 진력했다. 지역발전의 효율적 추진을 위한 관련 정책을 대통령에게 자문하는 대통령 직속 자문위원회 조직인 국가균형발전위원회도 만들었다.

하지만 2004년 10월 헌법재판소에서 신행정수도법을 위헌이라고 결정내리면서 행정수도 이전은 무위에 그쳤다. 이후 '신행정수도 후속대책을 위한 연기·공주지역 행정중심복합도시 건설 특별법(행정복합도시법)'통과(2005년 3월), 공공기관 지방 이전 계획 확정 발표(2005년 6월), 10개 혁신도시 입지 선정 완료(2005년 12월 부산, 대구, 광주·전남, 울산, 강원, 충북, 전북, 경북, 경남, 제주. 대전·충남은 세종시 조성을 이유로 제외됐다가 2020년 10월에 국가균형발전법 개정으로 혁신도시로 추가 지정됨), 공공기관의 지방 이전에 따른 혁신도시 건설 및 지원특별법 제정(2007년 1월), 혁신도시별 부지조성공사 착공(2007년 9월) 등으로 5년간에 걸친 균형발전을 위한 공공기관 이전 여정을 펼쳤다.

하지만 이런 가운데서도 외국인 투자 유치를 위해 2006년 수도권정비계획법 시행령을 고쳐 LG필립스 LCD파주공장 건설을 허용하면서 지방분권과 균형발전과 배치되는 결정을 했다는 비판도 받았다. 돈 안 되는 공공기관 등은 지방으로 보내고 돈 되는 대기업은 수도권에 남겨두거나 새로 유치함으로써 수도권 중심의 경제 구조를 완화시키지 못했다는 비판이었다. 지방분권 정책이 추구하는 것은 지방의 경제적 이익 추구가 전부가 아니지만 비수도권 지역 활성화에 대기업 유치만큼 큰 효과를 가져올 정책은 없었기에 아쉬움이 남는 정책이었다. 그렇기에 외국인 투자 유치로 일자리 창출 등 수도권 지역 경제 활성화에 기여한 LG필립스 공장 건설을 파주가 아닌 영호남 지역에다 했다면 하는 아쉬움은 여전히 남아 있다.

이명박 정부 시절

이명박 정부 시절은 균형발전 정책의 퇴행기로 평가할 수 있다. 전 정부에서 추진해온 균형발전 정책들을 사실상 대폭 수정하면서 '先 지방 발전 - 後 수도권 규제 완화' 기조 폐기라는 비수도권의 비판에 병행 추진이라고 해명했으나 혁신도시 건설 계획의 전면 재조정, 공공기관의 지방 이전보다 민영화를 우선할 것임을 천명하면서 반발을 초래했다.[26]

이명박 대통령은 서울시장 시절, 2005년 헌법재판소에 행정중심복합도시건설 특별법도 위헌결정이 내려진 신행정수도법과 사실상 목적과 장소, 방법 등이 같은 수도 분할이라며 위헌이라는 의견을 냈다. 하지만 대선후보 시절에는 행정중심복합도시 건설을 예정대로 추진하겠다고 했다. 그런데 대통령 당선 이후에는 부처 이전을 골자로 한 행정중심복합도시 건설을 백지화하고 산업도시로 수정하려고 했다. 부처 이전에 따른 행정 비효율 등을 문제삼아 세종시 원안을 백지화하고 수정안을 제시한 것이다. 하지만 국회 부결로 행정중심복합도시라는 원안을 그대로 추진하게되는 등 세종시를 둘러싼 갈등이 큰 쟁점이었다.

당시 전 세계 경제가 미국의 서브프라임 모기지 사태로 야기된 금융위기로 인해 수출 부진과 내수 침체 및 민간 투자 위축으로 시름을 앓고 있던 시기라 민간 투자를 유도하려는 조치였다는 지적도 있었다. 하지만 전 정부 시절 발표된 공공기관 지방 이전 계획에 따라 혁신도시 건설특별법이 공포되고 지역에 따라서는 공사 착공에 들어간 혁신도시까지 나온 상태라 정부의 이런 균형발전 전략 수정은 거센 반발을 초래했다.

이명박 정부의 지역 균형발전 정책은 국토균형발전특별법을 전면 수정하면서 제시한 5+2 광역경제권별 5개년(2009~2013년) 발전 계획이었다. 전국을 인구 500만 명 이상의 수도권, 충청권, 호남권, 동남권, 대경권의 5대 광역경제권과 500만 명 미만인 강원권, 제주권의 2대 특별경제권으로 나눠 글로벌 경쟁력을 끌어올린다는 구상이었다. 기존 시도 단위로 추진하던 지역 발전 전략을 인접한 2개 이상의 광역지자체간 연계와 협력으로 규모의 경제를 달성하려는 것이었다. 이런 국정운영 방향은 3개월 뒤 국토이용의 효율성 제고를 위해 수도권의 공장 신증설 규제 완화, 대규모 그린벨트 해제로 더 구체화되면서 지역 균형발전과 배치된다는 논란을 일으켰다.[27]

"이번 발표는 말만 '국토이용 효율화'이지 내놓고 수도권 규제완화를 공식화한 것"(지방분권운동 대구경북본부)[28]이나 "신도시정책은 참여정부 시절 전문가, 정부기관의 타당성 검토를 거쳐 '국민 토론회', 정부와 공기업 노조 등 '정책 당사자 간 사회협

약' 등 민주적 과정을 통해 확정됐다. 대통령이 바뀌었다고 하루 아침에 정부 정책이 무효화된다면 누가 정부를 신뢰하겠느냐."(자치분권전국연대 상임대표 신정훈 나주시장) 등의 비판이 쏟아졌다.

3.6 박근혜, 문재인 정부 시절

박근혜 정부는 경제혁신 3개년 계획으로 지역 발전을 주요과제로 제시하고 지역 간 자율적 협력을 통한 생활권 중심의 균형발전을 도모한다고 했으나 전 정부의 균형발전 정책에서 크게 달라진 건 없었고 뚜렷한 성과도 없었다.

문재인 정부는 5대 국정목표의 하나로 '고르게 발전하는 지역'을 제시했다. 보수정권 10년을 거치면서 참여정부가 추진해 온 지역 균형발전 정책을 되살리려는 것이었다. '연방제 수준의 지방분권'을 목표로 32년 만에 지방자치법을 전면 개정하고 인구감소지역 지원 특별법을 제정하는 등 참여정부의 지역 균형발전 정신을 부활시키려 했으나 기대만큼의 성과는 내지 못했다.

특히 수도권 쏠림 현상은 문재인 정부 때 더욱 심화된 것으로 보인다. 문재인 정부가 출범한 2017년말 수도권 인구비중은 49.6%였다. 그런데 2년 뒤인 2020년에 50%를 돌파하며 2010년부터 2017년까지 7년간의 수도권 인구비중 증가율(0.3%p)보다 더 높았다.

문재인 정부는 수도권 과밀화 해소를 위해 국가 균형발전 프로젝트를 가동했지만 실패했다. 문재인 대통령은 2020년 신년 인사회에서 2020년은 생활 SOC 10조 원 시대의 첫 해라며 상생형 지역 일자리, 지역주도형 청년 일자리, 도시재생 뉴딜 등 지역 주민의 삶의 질을 높이면서 국가 균형발전을 이끌 수 있도록 지자체와도 적극 협력하겠다고 말하며 국가 균형발전에 대한 의지를 표명했건만 말뿐이었다. 구체적 전략이 없었다. 오히려 수도권 초집중화가 더 심해지도록 방치한 측면이 있다. 3기 신도시 조성 및 수도권 광역급행철도 건설이 동시에 추진되면서 균형발전은 빛 좋은 개살구가 되고 말았다.

3.7 윤석열 정부

윤석열 정부는 '전국 어디서나 살기 좋은 지방시대'를 국정과제의 하나로 제시했다. 역대 정부에서 제각각 추진하면서 실효성이 떨어진다는 지적을 받은 국가 균형발전과 지방분권을 통합관리하는 대통령 직속 기구로 지방시대위원회를 발족시켰다.

지방분권, 교육개혁, 혁신성장, 특화발전, 생활복지 등 5개 전략 아래 기회발전특구, 교육발전특구, 도심융합특구 등 각종 특구 조성과 생활인구 늘리기, 지방 디지털 경쟁력 강화 등의 방안을 담고 있다. 특히 지역인재 양성에서부터 지역 정주까지 겨냥한 교육발전특구 정책 및 글로컬 대학사업을 골자로 한 교육 개혁 전략과 개성을 살리는 지방 주도의 특화 발전 전략은 시의 적절해 보인다. 관건은 양질의 일자리를 지역에서 제공할 수 있느냐다. 지방 대학과 지역의 동반 성장을 지원할 교육 개혁으로 어느 지역에 살든 양질의 일자리를 찾을 수 있다면 서울공화국의 부작용을 해소하며 지방의 자생력을 키울 수 있을 것이다.

지금까지 박정희 정부에서부터 윤석열 정부에 이르기까지 정부별 지역 균형발전 정책의 흐름을 살펴봤다. 조국 근대화를 기치로 내건 군부독재 시절에는 '잘 살아보세'라는 새마을운동 구호에서 드러나듯 국부 확대에 치중했다. 그 결과, 한강의 기적이라는 경제 성장은 이뤄냈으나 올림픽 개최, 외환위기, 글로벌 금융위기 같은 대내외 여건 변화에다 정권마다 상이한 지역 균형 개발에 대한 인식 차이로 수도권 중심의 발전에 매달리면서 수도권 집중 현상은 더 심화되었다. 이는 분배의 양극화, 성장 잠재력 약화, 지방소멸 등 공동체 붕괴 위기로 나타나고 있다.

비수도권 주민들이 보기에 수도권은 젖과 꿀이 흐르는 '에버랜드'이다. 일자리와 의료복지, 문화 혜택 등 사람들을 끌어당기는 매력 넘치는 공간으로 보인다. 하지만 수도권 주민들에게는 고통의 연속이다. '지옥철' 출퇴근에 시달리고, 부동산 가격 상승으로 하늘의 별 따기만큼 어려워진 내 집 마련의 꿈을 키우느라 허리띠를 졸라매는 사람들이 한둘이 아니다. 이런 상태를 지속해서는 에버랜드는커녕 저주의 공간이나 다름없다.

균형발전 정책과 언론의 책임

정책 성공은 정부 노력에 정책 수요자인 국민의 공감과 참여가 더해질 때 가능하다. 그리고 언론은 보도를 통해 정책을 둘러싼 정부와 국민 간 갈등을 최소화하며 정책이 미래지향적이고 생산적인 방향으로 나아갈 수 있도록 중개자 역할을 해야 한다.

필자는 기자로 30년 넘게 생활하면서 정부의 균형발전 정책의 변화를 지켜봤다. 거칠게 말해 그동안 정부의 균형발전 정책은 모두 실패했다고 본다. 그리고 이러한 실패 요인 분석에서 감시견 역할을 제대로 하지 못한 언론의 책임도 빼놓을 수 없다.

중앙언론은 지방언론에 비해 지역 균형발전 문제에 대해 무관심하고 보도하더라도 수도권 위주의 보도 관행에 익숙하다. 반면 지방언론은 국익과 관계없이 지역 개발과 발전 논리에 매몰된 경우가 대부분이다.

중앙과 지방언론의 지역 균형발전에 대한 사설을 분석하고자 했다. 사설은 당시 사회적 이슈에 대한 해당 매체의 입장을 드러내는 만큼 당시 여론의 지형을 파악하는데 유효하다.

이를 위해 언론진흥재단의 뉴스 전문 검색 사이트인 빅카인즈를 이용했다. 이 데이터베이스는 노태우 정부 후반기인 1990년부터 현재까지 나온 일간지의 모든 보도 내용을 수록하고 있다. 그런데 일부 경제지나 지방언론의 경우 1992년(한국경제, 강원도민일보)부터 기사가 수록되어 있는 등 데이터 제공 시점이 1990년대 후반 또는 2000년대인 경우도 있다.

분석에 활용된 언론사는 모두 70곳으로 중앙언론 25곳, 지방언론 45곳이다. 중앙언론은 전국 일간지와 경제일간지, 방송사 등 25곳이다. 검색 조건은 균형발전 AND(지역 OR 균형 OR 발전 OR 분권)이었다. 균형발전을 기본 검색어로 설정한 뒤, 통합 분류에서 정치, 경제, 사회, 지역을 대상으로 하고 상세 검색에서 검색 유형을 사설로 분류했다. 이런 조건으로 정부별 균형발전 등에 대한 사설 건수를 엑셀 파일로 내려받은 뒤 사설이 아닌 칼럼과 창간사, 중복 집계된 사설, 균형발전이나 지방분권과 거리가 먼 사설 등은 전체 집계에서 제외하고 분석했다.

분석 결과, 정부별 균형발전에 관한 전체 사설 중 중앙언론의 사설 비중은 18%(노무현 정부 시절)에서 6%(박근혜, 문재인 정부 시절)에 그치고 있었다. 윤석열 정부도 6%의 비중을 보였으나 아직 재임 중이라 이 비율은 좀 더 지켜봐야 한다. 나머지 균형발전 사설은 모두 지방언론에서 낸 사설로 대부분 자기 지역 중심의 균형발전을 강조하고 있었다.

언론사의 정부별 균형발전 관련 사설 현황

시기	전체(a)	중앙언론 (b)	지방언론(c)	비중(b/a)
노태우	86	9	77	10%
김영삼	172	28	144	16%
김대중	330	27	302	8%
노무현	1,107	194	913	18%
이명박	827	96	731	12%
박근혜	602	36	566	6%
문재인	1,479	86	1,393	6%
윤석열	1,130	68	1,062	6%

노태우 정부는 빅카인즈 정보 제공 시점 이후인 1990년부터 집계
윤석열 정부는 출범 이후 2024년 9월 15일까지 가집계

언론이 바라본 정부별 균형발전 정책

다음은 역대 정부별 언론에서 다룬 균형발전 관련 사설들을 파악한 내용이다.

노태우 정부 시절

먼저 노태우 정부 때의 사설이다.

지역 균형발전과 지방분권을 키워드로 사설을 검색한 결과, 모두 86건으로 중앙언론 9건, 지방언론 77건이었다.

이 시기 중앙언론에서 다룬 9건의 사설의 논조는 대체로 정부 정책의 효과와 후속 조치의 중요성에 주목하며, 지역 균형발전을 향한 정부의 노력이 필요하다는 점을 지적하는 데 중점을 두고 있었다.

예를 들어 세계일보는 1990년 9월 27일 자 사설 '제3청사 추진의 문제점'에서 대전에 3청사를 지어 병무청 등 11개 청급 중앙부처를 이전키로 한 방침을 전하면서 "이전 계획은 수도권 인구 분산과 지역 간 균형발전이란 두 가지 효과를 노린 것이나 후속 조치가 따르지 않으면 안 될 것"이라고 지적한다. 또 그해 10월 31일 자 '그린벨트 규제 허물어지는가?'라는 사설에서 도시 정화와 균형발전에 이바지해 온 그린벨트가 사라질 것을 우려하고 있다.

서울신문은 1990년 12월 19일 자 '졸속 못 면한 예산 국회'라는 사설에서 "국회가 정치의 분권화와 지역의 균형발전을 위해 필요불가결한 지방자치법과 지방의회선거법 개정안 및 자치단체장 선거법안 등 지방자치제 관련법을 통과시킨 점을 특기할 만하다."고 긍정적으로 평가하고 있다.

국민일보의 1991년 4월 13일 자 '인구변동, 적극 대처하자'라는 사설과 그다음 날인 4월 14일 자 동아일보 사설 '지방에 과감한 투자를'은 당시 통계청에서 발표한 1990년 인구주택총조사 결과 및 인구추계 자료를 토대로 수도권으로의 인구 집중 추세를 우려하고 있다.

반면에 지방지에서 다룬 77건의 사설의 논조는 지역 발전에 대한 정부의 관심을 촉구하는 게 대부분이었다. 특히 수도권 인구 집중에 대한 우려 등 수도권 중심의 정책이 지역 불균형을 심화시킨다고 비판하며 지역 균형발전에 대한 정부의 실효성 있는 대책 마련을 주문하고 있었다.

예를 들어, 무등일보는 '수도권 인구집중과 정부의 책임'이라는 1990년 8월 26일 자 사설에서 "서울 인구가 1,052만이고 수도권 인구가 1,758만이라 한다. 전체 비율로 따져 24.8%와 41.5%가 서울과 수도권에 집결되어 있다는 이 통계수치는 단적으로 불균형을 말한다. 현 추세가 계속될 때 30년 후인 2020년에는 수도권 인구가 50.2%로 전체 인구의 절반 이상이 이곳에 밀집하여 살 것이라는 예상이니 그때 상황이 어찌 될 것인가."라며 수도권 인구 집중을 경계하고 있다.

중부매일은 1990년 2월 22일 자 '지방특성화대학 육성 방안을 보고'라는 사설에서 지방산업의 육성이나 고급 인력의 지방 정착 기반 구축 방안이 국토의 균형발전을 꾀한다는 측면에서 매우 바람직하다고 평가하고 있다.

김영삼 정부 시절

다음으로 김영삼 정부 시절의 사설들이다. 중앙언론에서 균형발전과 지방분권을 다룬 사설은 28건이었다. 본격화된 민선 지방자치시대를 맞아 지역 개발에 관한 관심을 촉구하면서도 국토의 균형발전 필요성도 강조하고 있다.

예를 들어, 매일경제는 1997년 10월 23일 자 '국토개발도 선진형으로'라는 사설에서 "정부가 강원도 영월과 충북 영동 등 전국 7개 지역을 개발촉진지구로 지정해 그 지역의 경제 활성화를 돕고 지역 주민의 소득증진을 기하겠다는 의의는 이해할 만하다."면서도 "국토이용에 관한 각종 법률에 따라 이중 삼중으로 용도 제한을 해놓고 특정 지역에만 규제를 풀어 각종 지원을 하겠다는 발상이 설령 국토의 균형발전이라는 목적에는 합치한다고 하더라도 방법론으로서 과연 선진적인 것인가는 생각해 봐야 한다."고 꼬집고 있다.

중앙일보는 '지역경제에 새 활력소'라는 1997년 4월 29일 자 사설에서 지역자치가 진전되고 지역 경제가 활성화돼야 진정한 지방자치제 부활의 의미를 찾을 수 있다고 지적한 뒤, "재정 경제원이 지자체에 예산권과 행정권을 대폭 이양, 지역 경제 활성화 계기를 마련하겠다고 나선 것은 아주 잘된 일"이라고 긍정적으로 평가하고 있다.

한국경제는 1996년 9월 25일 자 '경인 운하 건설에 생각할 점'이라는 사설에서 "물류비용을 낮추고 물자 수송을 원활하게 하기 위한 사업으로 가덕도 신항만공사와 경인 운하 건설을 꼽을 만하다."라면서 "지역 경제의 균형발전을 촉진하기 위해 예를 들어 경인 운하가 통일 이후 임진강 쪽으로 연결될 수 있는 가능성도 열어두는 등의 고려가 있었으면 한다."라고 당부하고 있다.

서울신문은 1995년 10월 12일 자 '지방재정 확충과 병행 과제'라는 사설에서 세계화추진위원회가 온천이용세, 관광세 등 지역 실정에 맞는 자체 세원을 개발할 수 있도록 지방세법을 개정하는 등의 '지방자치시대의 지역 발전 전략'을 시의적절하다고 평가한 뒤, 이로 인한 세 부담이 자칫 지역 발전을 더디게 할 수 있는 점을 유의하고 몇 개 대도시에 치중되는 개발 전략을 지양, 국토의 균형발전을 통해 지방 경제가 전반적으로 고루 살찌게 할 것을 당부한다.

서울신문과 국민일보는 각각 '행정구역개편은 행정논리로', '행정구역개편 조기 매듭을'이라는 1994년 9월 13일 자 사설을 통해 2단계 행정구역 개편을 둘러싼 여당과 지역민 간의 갈등을 비판한다. 서울신문은 행정구역 개편은 정치 논리가 아닌 행정 논리로 추진돼야 한다고 주장했고, 국민일보는 지역이기주의 대신 국가 이익 중심으로 추진돼야 한다고 주장한다.

김영삼 정부가 1994년 9월에 내놓은 국토종합개발계획에 대해서는 세계일보, 경향신문, 국민일보가 각각 사설로 다루며 그 필요성에 공감하고 있다. 세계일보는 1994년 9월 7일 자 사설 '균형있는 국토개발'에서 과거의 국토개발계획이 수도권과 영남권에 치중되어 지역 간의 불균형발전이 심화됐다는 점에서 해안선을 따라 서해안 환황해권, 남해안 환태평양권, 동해안 환동해권 등 7개 광역권을 핵심으로 하는 새로운 국토개발계획을 제시한 것은 바람직하다면서 부동산 투기가 재연되지 않도록 재원 확보 방안 마련을 주문하고 있다. 국민일보는 투기와 환경 파괴에 대한 대책이 충분한지 우려한다. 경향신문도 정부가 전국을 7개 광역권으로 나눠 개발하겠다는 국토종합개발계획은 국토의 균형발전을 꾀하겠다는 것으로 방향은 옳게 잡은 것이라 좋게 평가한다.

'수도권 공장 신증설 안 된다'(서울신문, 1994.4.15.)나 '언제까지 서울공화국인가'(중앙일보, 1993.9.19.)처럼 제목에서 주장하는 메시지가 분명하게 드러난 사설도 있었다.

이 무렵 지방신문에서는 지역 현안 중심으로 정부의 신속한 조치와 관심을 촉구하는 논조가 주를 이루고 있었다. 전라선 복선화사업 서둘러야(전북일보, 1993.3.31.), 전북 경제 실질 지원 서둘러야(전북도민일보, 1993.4.4.), 새만금특별법 제정을 기대한다(전북일보, 1993.5.29.), 낙후전북 이젠 민자소외까지(전북일보, 1994.2.28.), 하얄리아 부지의 공원화를(국제신문, 1994.9.12.), 전북 출신 무장관 시대(전북일보, 1994.10.5.), 말 뿐인 지방대 육성(강원도민일보, 1995.12.17.), 수도권기업의 중과세 폐지해야(경인일보, 1996.3.6.), 영통지구 택지개발 문제점 많다(경인일보, 1996.5.28.), 실종된 동서 고속철(강원도민일보, 1996.6.12.), 정부 지원금의 충북 홀대(중부매일, 1996.10.6.), 전북 기초과학 기술의 현주소(전북일보, 1996.10.4.), 서부 경남 개발의 당위성(경남신문, 1997.10.6.) 등 지역 현안 중심의 사설이 대부분이었다.

김대중 정부 시절

김대중 정부 시절 중앙언론의 관련 사설은 27건에 그쳤다. 그린벨트 해제에 대한 과제, 4차 국토종합계획안에 대한 평가, 교육부의 지방대 육성 방안, 수도 이전 논란 등이 있었다.

동아일보는 2002년 12월 11일 자 '수도 이전 따지고 또 따진 뒤에'라는 사설에서 노무현 후보는 수도권 과밀 해소와 지방의 균형발전을 위해 행정수도를 이전해야 한다고 주장하는 반면, 한나라당 이회창 후보는 서울의 부동산, 집값이 떨어지고 공동화되는 등 경제적 혼란이 올 것이라고 반박한다고 소개한 뒤, 수도권 과밀 해소와 지방 발전이라는 취지와 명분은 굳이 반대할 까닭이 없지만 과거에도 이전 비용이나 소요기간 등 여러 가지 문제로 추진되지 못했던 점에 비추어 신중히 결정할 문제라는 입장을 밝히고 있다.

한국경제는 2002년 10월 10일 자 '지역개발, 국토계획과 조화돼야'[29]라는 사설에서 정부와 지자체 간 개발을 둘러싼 갈등 사례를 소개한 뒤, 중앙정부와 지방정부 간 충분한 사전 정책 조율이 이뤄지지 못하면 중복·과잉 투자와 환경 파괴, 교통난 심화 등 예상하지 못한 부작용을 초래할 가능성이 높다고 경고했다.

동아일보, 서울신문, 매일경제는 모두 지방대의 위기를 경고하면서 정부 차원의 대책 마련을 촉구한다. 동아일보는 2000년 12월 27일 자 '지방대 살리려면' 사설에서 "지방대의 위기는 지방의 위기로 이어진다. 나라의 균형발전을 위해 지방대 육성은 중요하다. 지방대를 충실히 육성해 인재가 배출되고 그들이 지방 발전을 위해 일하게 되면 지방이 활성화되고 침체에 빠진 지역 경제를 되살릴 수 있다."고 지적했다.

국민일보는 2000년 10월 11일 자 '신도시 개발의 전제들'이라는 사설에서 수도권과 지방의 균형발전을 위해 대기업의 지방 이전을 장려하는 마당에 신도시 개발은 거꾸로 수도권에 인구 집중을 가속해 이상비대화하는 문제를 안고 있다면서도 지난해 말 기준 수도권의 주택보급률이 전국 평균인 93%에 훨씬 못 미치는 83%에 불과하고 준농림지의 난개발 방지로 택지 공급 여력이 현격히 떨어진 것을 생각하면 신도시 개발을 무작정 외면하기 어렵다고 지적한다.

이 무렵 지방지에서는 지역 균형발전, 지방분권, 지방대, 수도권 규제 완화 등 지역 균형발전과 분권에 대한 주장을 302건의 사설에 담고 있었다.

경인일보는 1999년 3월 31일자 사설 '인구 1천만 시대 맞는 경기도'에서 "도가 광역도시계획 입안권조차 갖지 못하는 한 독자적 발전 모델이나 균형발전은 실현하기 힘든 공염불에 그칠 가능성이 높다."라면서 정부의 권한 이양을 촉구하는 한편,

"경기도도 중앙정부에 바라는 것 못지않게 스스로 1천만 시대를 대비하는 자세를 가다듬어야 한다."라고 경기도의 자립 의지도 주문한다.

이밖에 '부산 경제 살리기에 여야 없다'(국제신문, 1998.8.12.), '수도권 규제 완화 안 된다'(중부매일, 2000.5.10.) 등 지역 입장에서 균형발전에 대한 정치권과 중앙정부의 관심을 촉구하는 목소리를 내고 있었다.

노무현 정부 시절

노무현 정부 시절에는 행정수도 이전 문제가 제일 뜨거운 감자였다. 박정희 대통령에서부터 김영삼, 김대중, 이명박, 박근혜 등 역대 대통령은 물론 홍준표, 안철수, 유승민 대선 후보와 이재명 더불어민주당 대선 경선 후보도 행정수도 관련 발언을 했었다.[30] 하지만 행정수도 이전을 위한 입법과정에서 여야 갈등이 극심했고 결국 헌법재판소의 위헌결정으로 수도 이전은 무산되었으나 정부에서 청와대를 제외한 나머지 중앙부처를 행정복합중심도시로 대거 이전하기로 하면서 논란이 많았다.

이런 분위기는 이 무렵 중앙언론 사설에서 고스란히 드러난다. 중앙언론에서는 194건의 관련 사설은 이런 점을 지적하고 있었다.

지방이 고루 잘 살려면(경향신문, 2003.6.12.)[31] 지방 균형 발전의 전제조건(파이낸셜뉴스, 2003.6.13.),[32] "지방분권" 실천 의지가 관건

(세계일보, 2003.7.5.),[33] 지역 균형발전, 명분만으론 안 된다(동아일보, 2003.10.16.),[34] 수도권공장 역차별 시정해야(매일경제, 2003.11.9.),[35] 수도권 규제만이 능사 아니다(한국경제, 2003.11.18.),[36] 원로 학자들의 신행정수도 반대(중앙일보, 2003.11.19.),[37] 나라 전체를 보고 국정 펼쳐야(국민일보, 2004.10.26.),[38] 국토 균형발전 계획 새로 짜야(동아일보, 2004.10.9.),[39] 구름 위의 균형발전, 땅 위의 투기대란(동아일보, 2004.9.22.),[40] 역사도 국민도 국정도 다 갈라 세우나(문화일보, 2004.8.21.),[41] 천도가 국토 균형발전인가(중앙일보, 2004.6.8.),[42] 위헌 결정 파문 냉정하게 수습하라(한국일보, 2004.10.25.)[43] 등 대부분의 중앙언론은 국가 균형발전 취지에 동의하면서도 국가경쟁력과 경제적 효율성을 해칠 가능성을 우려하며 위헌결정 이후에는 초당적, 국민 소통을 중시하는 입장을 견지했다.

특히 문화일보의 2004년 8월 21일자 사설 '역사도 국민도 국정도 다 세우나', 중앙일보의 2004년 8월 22일자 사설 '강남사람 '왕따' 작전인가'[44]처럼 대통령을 정면 비판하는 사설도 있었다. 문화일보는 한국경제학회 발표자의 발언을 토대로 2007년 5월 22일자 사설 '국가균형발전 전략은 광복 이후 최대 포퓰리즘'이라며 정부를 강도 높게 힐난하기도 했다.[45]

경제지와 일부 보수지들의 논조는 참여정부의 국정 기조가 균형과 형평을 중시하는 반면, 성장을 담보하는 효율은 외면한다고 비판하고 있었다.

한편 지방신문들은 모두 913건의 사설로 역대 정부 중 가장 많은 균형발전과 지방분권 문제에 대한 정부의 관심 촉구를 다루고 있었다.

그런데 지역별로는 시각차가 분명했다. 수도권 언론사인 중부일보, 경인일보 등은 참여정부의 균형발전 정책이 "선 지방 육성, 후 수도권 규제 완화"라며 정부를 비판한 반면, 나머지 영호남, 강원 등에서는 더 강력한 지방 우선 시책을 촉구하고 있었다.

경인일보는 2003년 11월 19일 자 '균형법 저지때까지 내려오지 말라',[46] 2003년 5월 23일 자 '수도권 정책도 영이 안 서나'[47] 등의 사설을 통해 정부의 균형발전 정책을 잇따라 비판했다. 정부의 균형개발 정책이 산술적, 기계적 논리에 사로잡혀서는 도내 기업들이 지방으로 가는 것이 아니라 중국과 동남아 등 해외로 이전하는 등 국가경쟁력도, 균형발전도 도모할 수 없을 것이라는 주장이다.

중부일보도 2004년 4월 30일, '무차별 공공기관 이전 안 된다',[48] 2003년 9월 18일자 '말로만의 '수도권 규제 완화''[49] 사설에서 정부의 균형발전 정책을 비판했다.

하지만 비수도권의 지방언론(부산일보, 영남일보, 전북일보, 전북도민일보, 무등일보, 충청투데이, 경상일보, 강원도민일보 등)들은 지방 균형발전과 지방분권의 당위성에 대해 이구동성으로 지지하는 한편, 자기 지역에 더 많은 지원과 투자가 이뤄지기를 촉구하고 있었다.

영남일보의 '지방대학 출신 할당제' 기대 크다(2003.4.12.),[50] 지방발전 입법 서둘러야(2003.4.7.),[51] 부산일보의 균형발전 막는 '국가균형발전법'(2003.10.21.),[52] 충청투데이의 수도권 규제완화 안될말(2003.5.10.),[53] 전북일보의 공염불 돼버린 수도권 억제시책(2003.5.25.),[54] 매일신문의 지방분권, 균형발전특별법 기대된다

(2003.12.30.),[55] 충청투데이의 행정수도건설 특별법 공포의 의미 (2004.1.14.),[56] 강원도민일보의 '낙후지역 범위 확대하라'(2004.2. 12.)[57]는 사설 등은 한결같이 수도권 집중 심화의 부작용을 지적하며 실질적인 지역 균형발전 정책의 구체화 필요성을 강조하고 있다.

그러면서도 지역의 이해관계가 걸린 현안에 있어서는 지역민의 이익에 충실한 주장을 견지했다. 예를 들어 부산일보의 증권 선물 통합안 백지화 하라(2003.3.27.),[58] 경상일보의 울산시의 "지방이전 대상기관" 유치전략(2003.10.6.),[59] 강원도민일보의 균형발전 시대에 웬 통폐합인가(2003.11.6.),[60] 전북일보의 재경 삼수회의 고향발전 결의(2003.12.15.)[61] 등이 있었다.

특히 전북일보는 지역혁신협의회 역할 뭔가(2003.8.22.),[62] 삭발투쟁까지 이른 그린벨트(2003.5.23.),[63] 생물산업 푸대접은 또 뭔가(2003.5.16.)[64] 등 전북 지역 발전에 무관심한 정부를 비판하는 사설을 잇따라 게재해 눈길을 끌었다.

하지만 앞서 소개했듯 중앙언론이 의도적으로 균형발전에 대한 부정적 보도를 하는 것은 아니다. 지방 균형발전과 지방분권이라는 가치 못지않게 국가경쟁력, 경제 성장과 효율성이라는 가치도 잘 살펴야 한다는 주문을 하고 있었다. 지방언론에서 해당 지역민의 이해관계를 반영한 목소리를 내는 것은 당연한 일이다. 이는 언론사 간 주요 국정 현안에 대한 인식 차이에서 비롯되는 현상이다.

언론은 주요 국정 현안에 대한 보도에 있어 상호 충돌하는 가치가 있다면 어떤 가치를 중시하는지, 중시하는 이유, 이로 인해 생길 수 있는 부작용과 부작용 해소 방안 등에 대한 대안을 제시할 수 있어야 한다. 그것이 비난과 비판에 그치는 '한탄형 저널리즘'에서 벗어난 '솔루션 저널리즘'을 실천하는 길이 된다고 본다.

균형발전 등 참여정부에서 지방 살리기 특별법을 만들려는 취지에 대해서는 우리나라 국민이라면 누구나 동의할 것이다. 50년 넘게 수도권 집중으로 인한 인적·물적 자원의 쏠림, 이로 인한 비수도권 지역의 황폐화를 이대로 둘 수 없다는 것에 대해서는 언론도 중앙, 지방할 것 없이 동의한다고 생각한다.

하지만 수도권, 비수도권 간 지역 격차 문제를 어떻게 풀 것이냐는 해법에 대해서는 생각이 다를 수밖에 없다. 지방지들은 행정수도 이전, 수도권 억제 및 비수도권 개발 활성화로 국가 균형발전을 도모해야 한다는 입장이다. 반면 중앙언론과 경제지 그리고 수도권 소재 언론들은 그렇게 해서는 국가경쟁력을 훼손하고 경제 성장도 저해할 것이라고 비판한다.

비수도권 발전과 수도권 발전이 제로섬 게임이 아닌 상호 원원할 수 있는 방식을 추구해야 한다고 본다. 지금까지는 제로섬 게임이었으나 이제는 상호 윈윈 게임으로 바꿔야 한다.

비수도권으로 수도권 소재 민간 기업의 이전을 유도하려면 지역 특성에 맞는 산업 입지 정책을 세운 뒤, 이전에 행정·재정적인 우대를 부여해야 한다고 본다. 그래야 정책의 풍선 효과를 막을 수 있을 것이다. 수도권 과밀화를 막겠다며 수도권의 공장 신 증설을 막았더니 수도권에 있던 공장들이 지방으로 가는 게 아니라 동남아나 중국 등 해외로 갔다는 것이 대한상공회의소의 분석이다. 이런 풍선 효과를 최소화할 지역의 매력도를 높이는 작업을 선행해야 한다.

정부의 영향력 행사가 가능한 혁신도시로의 공공기관 이전은 현실화됐다. 그러나 이전한 지 10년이 지난 현재에도 기대한 만큼의 지역 활성화는 보이지 않고 있다. 교육, 의료, 복지 등 생활의 만족도가 기존 수도권에 비해 낮다는 것이다. 지방과 수도권이 서로 상생할 수 있는 방안을 찾아야 한다.

그러나 수도권 집중에 따른 부작용에서 드러나듯 중앙언론은 국가 전체의 경쟁력 제고를 이유로 열악한 비수도권의 상황을 외면하는 것은 아닌지 반성할 필요가 있다. 정부 여당의 정책에 대해 일방적 비난과 비판을 할 것이 아니라 그 취지가 타당하다면 추진 방법에 대한 대안 제시 등 건설적 비판을 하는 것이 사회통합에 부합한다. 처음부터 끝까지 정책 추진을 좋게만 평가해서는 현상 타개는 물론 사회 발전에 아무런 도움을 주지 못할 것이다.

이명박 정부 시절

이명박 정부의 국정운영 기조는 'ABR(Anything But Roh)'라는 우스갯소리에서 드러나듯 노무현 정부와 정반대였다.

이명박 정부는 참여정부가 기계적 균형 논리에 빠져 균형발전 정책을 추진했고 이는 비효율적이며, 수도권 규제도 국가경쟁력 저하 요인이었다며 정책의 전면적 궤도 수정을 예고했다.

이런 정책 전환은 균형발전 정책의 핵심 정책이던 행정복합중심도시 건설안을 둘러싼 분열과 갈등에서 극대화됐다.

이명박 정부 시절 균형발전과 지방분권 등에 대한 중앙언론의 관련 사설은 96건이었다. 전 정부 시절 균형발전 정책에 대한 비판과 이명박 정부의 정책에 대한 비판으로 크게 나눌 수 있다.

참여정부가 추진한 균형발전 정책의 허구성을 지적한 사설로는 자료 왜곡해 부풀린 혁신도시의 꿈(한국일보, 2008.4.16.),[65] 맹목적인 지역균형의 환상에서 깨어나야(동아일보, 2009.9.25.),[66] 섣부른 균형발전 정책의 허구 보여준 경제특구(동아일보, 2010.8.7.)[67] 등이 있었다. 정권 교체에 따른 정부의 국정 기조 방향에 부응하는 논조의 사설들이었다.

이명박 정부가 추진하려 한 균형발전 정책 수정을 둘러싼 논란에 대해 그 해소를 촉구하는 목소리와 정책 변경에 대한 찬반과 중도적 입장 등 논지가 다양했다.

구체적으로 살펴보면, 세종시 계획 변경 추진 움직임을 둘러싼 논란 해소를 촉구하는 사설로는 대화·타협으로 세종시 문제를 풀자(한국일보, 2010.1.12.),[68] 세종시 해법, 국민투표보단 청와대 결단을(매일경제, 2009.9.10.),[69] 세종시 출범, 균형발전 위해 힘 모을 때(한국일보, 2012.7.1.),[70] 세종시 논란 매듭… 모두가 패배자다(중앙일보, 2010.6.24.),[71] 세종시 문제 해결 위한 정부의 대안 지켜봐야(서울경제, 2009.11.12.),[72] 세종시 문제 정면 돌파 나선 이명박 대통령(서울경제, 2009.11.28.),[73] '세종시 시대' 국토 균형발전의 획기적 계기돼야(경향신문, 2012.9.14.),[74] 사과와 해명조차 없는 이 대통령의 세종시 수정론(한겨레, 2009.11.4),[75] 세종시 외길 갈등 접고 백년대계 토론부터(서울신문, 2010.1.20.),[76] 이 대통령 세종시 수정 입장 표명 이후의 과제(한국경제, 2009.11.28.)[77] 등이 있었다.

이명박 정부의 'MB식' 균형발전 정책을 비판한 사설로는 세종시 기업 유치 무리수 걱정된다(한국일보, 2009.11.17),[78] 세종시 입장 밝히겠다는 이 대통령(한국일보, 2009.11.12.)[79]이 있었다.

반면 긍정적인 논조의 사설도 있었다. 정운찬 후보자, 세종시 '설계변경' 소신 돋보였다(동아일보, 2009.9.22.),[80] 해안시대 열게 될 '초광역권 4대 벨트' 구상(서울경제, 2009.12.2.),[81] 오락가락 난맥상 드러낸 균형발전 정책(경향신문, 2008.7.23.)[82] 등이 그러하다.

수도권과 지방 간 균형발전을 강조한 사설로는 수도권과 지방, 경쟁력 살리고 균형도 모색해야(동아일보, 2011.4.5.),[83] 수도권 규제 완화 반대 일리있다(서울신문, 2008.11.5.),[84] 토지 규제완화 투기 부추기지 않아야(서울경제, 2008.6.12),[85] 광역경제권 활성화, 나눠주기식 안 되게(서울경제, 2008.9.12.)[86] 등이 있었다.

반면 수도권 규제 완화의 필요성을 지적한 사설도 많았다. '균형 도그마'에 또 밀리는 수도권 규제완화(문화일보, 2008.7.22.),[87] 이 정부, '균형발전'의 4대 문제점 극복해야(문화일보, 2008.8.19.),[88] 본질 무시한 세종시 백지화 움직임(경향신문, 2009.10.18.),[89] 세종시 수정안을 받아들일 수 없는 이유(경향신문, 2010.1.11.),[90] 지경부는 수도권 규제완화 왜 늦추나(한국경제, 2011.4.5.),[91] 어정쩡한 지역 균형발전 정책(매일경제, 2008.7.21.)[92] 등이다.

물론 수도권 규제 완화를 비판하는 사설도 있었다. '국토 이용 효율화'가 아니라 '국토 황폐화' 정책이다(한겨레, 2008.10.30.),[93]

세종시 수정론과 함께 실종된 '국토 균형발전론'(한겨레, 2009.11.6.)[94] 등이다.

이명박 정부 시절, 중앙언론의 균형발전에 대한 사설들을 보면 당시 균형발전이라는 목표와 실질적인 정책 효과 간 괴리에 대한 사회적 논의가 활발했음을 알 수 있다.

이명박 정부 시절, 지방언론에서 균형발전과 분권 등을 다룬 사설은 수도권 규제 완화 비판, 세종시 원안 통과 촉구, 균형발전 경시 풍토에 대한 경고와 언론사가 위치한 지역 발전에 대한 정치권의 관심을 촉구하는 사설이 많았다.

우선 지방지들도 균형발전 정책 수정 움직임을 비판했다. 이래도 지방 죽이기 아닌가(대전일보, 2008.4.28.),[95] 대통령의 명확한 입장표명 나와야(충청투데이, 2008.4.17.),[96] 수도권 규제 완화하면 지역발전은 없다(충청투데이, 2008.7.21.),[97] 말로만 지방분권, 지역균형인가(중도일보, 2008.5.1.),[98] 지역발전 정책, 실천여부가 관건이다(광주매일, 2008.7.23.),[99] 혁신도시 줄이고 수도권 규제완화?(영남일보, 2008.4.16.),[100] 정부의 수도권 중심정책 수정돼야(충북일보, 2008.6.12.),[101] 지방분권공약, 국가경쟁력 강화 차원서 다루길(부산일보, 2013.1.18.)[102] 등이 있었다.

정부의 지역 균형발전 정책 추진을 촉구하면서도 전 정부 때와 마찬가지로 수도권 소재 언론과 비수도권 소재 언론의 수도권 정책에 대한 시각차는 여전히 존재했다.

이런 논조의 사설로 지역 특별법 더 이상 홀대 안 된다(광주매일, 2008.3.22.),[103] 서귀포시 회생 위한 강력한 시책 절실(한라일보, 2008.3.15.),[104] 새정부와 국회, 그리고 제주도(제민일보, 2008.4.20.),[105]

혁신도시 보완하되 균형발전 훼손 말아야(매일신문, 2008.4.16.),[106] 한계점에 다다른 비수도권 주민들의 인내(부산일보, 2008.6.26.),[107] 지역광역화 정책에 대한 대책 세워야(경상일보, 2008.7.21.),[108] 현실로 나타난 기업 지방이전 취소(전북일보, 2008.7.9.),[109] 언제까지 수도권을 역차별할 것인가(경인일보, 2008.8.24.),[110] 도 8대 공약, 균형발전 차원서 실행에 옮겨야(강원일보, 2013.1.14.),[111] '동해안 경제구역' 지금부터는 실제 투자자 유치(강원일보, 2013.2.5.)[112] 등이 있었다.

박근혜 정부 시절

박근혜 정부 시절, 수도권 규제를 둘러싼 중앙언론과 비수도권 지방언론의 시각차는 여전했다. 이 시기에 중앙언론에서 지역 균형발전과 지방분권을 다룬 사설은 많지 않았다. 서울신문의 2013년 8월 2일자 사설 '세종청사 시대, 서울중심주의 버려야'[113]와 경향신문의 2016년 5월 23일자 사설 '지방자치 근간 훼손하는 행자부 지방재정 개편안'[114] 등 일부에 그쳤다.

하지만 수도권 규제 완화에 대한 주문은 많았다. 예를 들어 수도권 규제 완화, 지방과 상생 해법을(아시아경제, 2013.8.2.),[115] 첨단기술 업종의 수도권 진입 막아서는 안 된다(동아일보, 2013.8.2.),[116] 수도권 규제개혁 획일적 균형발전 벽 넘어야(서울경제, 2014.1.9.),[117] 33년 수도권 규제, 이제 혁파할 때 됐다(한국경제, 2014.12.21.),[118] 세종시의 붕 뜬 관료들… 허구의 지역균형론이 만들었다(한국경제, 2016.9.19.),[119] 국회 세종시로 이전, 공론화가 먼저다(파이낸셜 뉴스,

2016.3.28.),[120] 34년 묵은 수도권 규제 대못 이제 뽑아야 한다(매일경제, 2016.7.5),[121] 다양한 수도권 규제완화 법안들, 이번에는 결실 봐야(한국경제, 2016.7.22.),[122] 수도권 규제, 지방보다 해외로 기업 내몰았다(서울경제, 2016.7.27.)[123] 등 규제 완화의 부당함을 지적하는 주장이 많았다.

중앙언론과는 달리 대부분의 지방언론은 사설을 통해 수도권 규제 완화를 비판하며 지역 균형발전과 지방분권 등을 강조하고 있었다.

예를 들어 수도권 규제 완화에 대해서는 경기일보를 제외하고는 모두 비판(광주일보, 강원일보, 광주매일신문, 부산일보, 중도일보, 충북일보, 강원일보, 영남일보)하며 지역 공약 관심과 이행을 촉구(국제신문, 중도일보, 충청투데이, 무등일보)하고 있었다. 지역인재 및 지방대 육성 촉구(강원일보, 전남일보, 중도일보, 영남일보, 무등일보, 광주매일신문, 광주일보, 국제신문)의 목소리도 많았다.

이 시기 지방언론의 사설에서 주목되는 점은 지방자치 발전을 위한 분권형 개헌을 촉구하는 사설들이 많았다는 점이다. 분권형 개헌에 대해 중앙언론에서는 별다른 관심을 안 보인 반면, 지방언론에서는 이구동성으로 촉구하고 있었다.

예를 들어 진정한 지방자치 발전을 위한 개헌 필요하다(광주매일신문, 2015.3.30.),[124] 이번에는 지방분권 확실히 다지자(경남도민일보, 2016.5.23.),[125] 정치권 개헌논의에 지방분권 반드시 포함돼야(영남일보, 2016.6.17.),[126] 국회 의결 개헌특위, 국민 염원 담은 방안 도출을(부산일보, 2016.12.29.),[127] 지방분권형 개헌 촉구한 영호남 시장·도지사(국제신문, 2017.2.10.),[128] 분권형 개헌 특별법 마련 등 제도적 장치 시급(광주매일신문, 2017.2.12.),[129] 지방분권 실현에 힘모은 영 호남 시도지사들(무등일보, 2017.2.14.)[130] 등이다.

문재인 정부 시절

문재인 정부 시절, 중앙언론의 균형발전과 지방분권에 대한 사설은 주로 공공기관 2차 이전에 대한 비판과 광역지자체별 공공 인프라산업에 대한 '예타 면제'에 대한 비판 등이 많았다.

문재인 정부는 박근혜 대통령 탄핵을 불러온 '촛불혁명'을 계기로 출범한 정부였다. 과거 적폐 청산을 외치며 공직자 비리 수사처 설치, 검경 수사권 분리 등 권력기관 개혁에 주력하면서 이를 둘러싼 여야 간 공방이 치열했다.

이러한 갈등 속에서 중앙언론의 지역 균형발전에 대한 관심을 상대적으로 약했다. 문재인 대통령은 '연방제 수준의 지방분권'을 강조하며 지방분권형 개헌을 제의했지만 무산됐다. 대신 언론은 공공기관 이전에 대한 부정적 여론과 지방 인프라 확충을 위한 예비타당성 면제에 대해 총선을 의식한 선심행정이라는 비판을 제기했다. 지방자치법을 32년 만에 전면 손질했고, 중앙지방협력회의법도 제정했으나 이에 주목한 중앙언론은 드물었다.

당위론적인 균형발전에 대해서는 논조가 대체로 같았다. 균형발전과 지방분권 확대엔 여야가 따로일 수 없다(국민일보, 2018. 2.1.),[131] 김태년 균형발전 제안, 정략 떠나 머리 맞대길(파이낸셜뉴스, 2020.7.20.),[132] 지역 균형발전과 분권, 범국가적 과제로 추진해야(경향신문, 2020.7.21.),[133] '경쟁의 원리'에 입각한 지방분권이어야 한다(한국경제, 2018.3.22.),[134] 김태년 "국회·청와대 세종 이전", 실행으로 옮기자(한겨레, 2020.7.20.),[135] 대학 구조조정 불가피하나 지역 균형발전도 고려를(한겨레, 2021.5.20.),[136] 민주당의 국회 세종시 이전 방안 조속히 실행하라(서울신문 2020.11.9.)[137] 등이 있었다.

부산·울산·경남 특별지자체, 국가균형발전 이끌길(서울신문, 2022.4.19.),[138] 첫발 뗀 부울경 메가시티… 균형발전의 新성장축 되길(국민일보, 2022.4.20.),[139] 부울경 메가시티는 균형발전 선도 모델(파이낸셜뉴스, 2022.4.19.)[140] 등 부울경 특별자치연합 출범의 성공을 기원하는 사설도 있었다.

하지만 공공기관 추가 이전과 대형 사업에 대한 예비타당성 면제에 대해서는 비판적 논조가 지배적이었다. 결국 원칙 저버리고 나눠먹기 돼버린 '예타' 면제(한국경제, 2019.1.29.),[141] '세금 낭비' 우려되는 무더기 '예타 면제'(한겨레, 2019.1.29.),[142] 실패했다는 혁신도시에 공기업 또 내려보내겠다니(서울경제, 2018.9.27.),[143] 한국판 뉴딜, 지역 나눠먹기 구태 벗어나야(서울경제, 2020.10.14.),[144] 기어이 '예타' 건너뛴 균형발전案 세금 낭비 걱정된다(문화일보, 2019.1.29.),[145] 선거 직전 또 꺼낸 '公기관 이전 미끼' 국민을 뭘로 보나(문화일보, 2020.4.7.),[146] 4대강 '예타' 면제 비난하더니… 문정부의 내로남불(국민일보, 2019.1.28.)[147] 등이 있었다.

한편, 지방언론에서는 중앙언론에 비해 균형발전과 지방분권에 대한 주장이 훨씬 더 강하고 많았다. 지역 균형발전 정책과 지방분권 강화를 위해 역설하는 한편 부울경 특별자치연합의 성공과 특별자치도 도입 등 지역별 특성을 고려한 자치권 확대를 촉구하는 목소리로 뜨거웠다.

예를 들어 혁신도시와 지역연계 방안 모색, 울산형 발전전략 나오길(경상일보, 2017.9.10.), 해수부 지역편파 정책, 인천 항만산업 멍든다(경기일보, 2017.9.11.), 호남 SOC 홀대 없다는 국토부장관 허언 아니길(무등일보, 2017.9.26.), 충북 SOC예산 부활에 한 번 더 집중하자(충북일보, 2017.11.5.), 관광진흥기금 50% 폐광지역 우선 배분해야 한다(강원일보, 2018.4.12.), 부울경 힘 모은 동남권 광역교통망, 정부가 화답할 차례다(부산일보, 2020.10.27.), 문재인 정부 지방분권 정책에 TK는 배제했나(영남일보, 2018.5.11.), 충북선 고속화는 국토균형발전의 핵심(충북일보, 2018.10.16.), '충북선 예타 면제' 지원 약속 지켜라(충청일보, 2018.10.21.), 보령선 철도 예타 면제, 기재부 화답하나(중도일보, 2019.1.17.), 울산외곽순환고속도로 공공병원 예타 면제 환영(울산매일신문, 2019.1.29.), 한국당 어깃장에 설립일정 차질 빚는 한전공대(무등일보, 2019.9.25.), 대구 통합신공항법 조속 처리하라(매일신문, 2021.6.26.) 등이 있었다.

윤석열 정부

윤석열 정부는 '진정한 지방시대'를 열기 위해 중앙정부의 권한을 지방에 과감히 이양할 것이라고 강조해 왔다. 정부 출범부터 2024년 9월 15일까지 경제지, 방송사 등 중앙언론에서 다룬 균형발전에 대한 사설은 68건이며 지방언론의 경우 1,062건이었다.

중앙언론은 수도권 규제에 대해서는 엇갈린 평가를 하고 있었다. 용인 클러스터 등 첨단산업 육성책 발표에 대해 균형발전을 저해하고 수도권 집중을 강화한다는 비판을 우려하는 사설(한국일보, 2023.3.16.,[148] 중앙일보, 2023.3.16.[149])이 있는가 하면, 이와 정반대로 수도권 규제 완화를 주장하는 사설(매일경제, 2023.2.12.,[150] 이데일리 2023.4.21.[151])도 있었다.

하지만 여당이 총선을 앞두고 발표한 김포의 서울 편입안에 대해서는 균형발전에 맞지 않는다며 대부분 비판을 쏟아냈다. 균형발전에 역행하는 '서울확장론'은 당장 폐기돼야 한다(경향신문, 2023.10.31.), '지방시대'와 '서울 확장' 모순, 윤 대통령이 답해야 한다(한겨레, 2023.11.2.),[152] 수도권 일극체제란 한계가 있는 상황에서 서울 확장은 장기적 관점에서 신중해야 한다는 주장(중앙일보, 2023.11.1.)[153] 등이 이런 경우였다.

지방 그린벨트 해제 방침에 대해서는 균형발전 디딤돌이나 지역 경제 활성화의 계기라고 평가하는 사설(서울신문, 세계일보, 아시아투데이, 헤럴드경제)이 많았다. 하지만 투기와 난개발 방지책을 주문(한국일보, 2024.2.22.)[154]하거나 균형발전과 상충되고 선거개입 논란을 불러 일으킨다며 자제를 촉구하는 주장(동아일보, 2024.2.27.)[155]도 있었다. 서울시의 그린벨트 해제 역시 균형발전에 부정적인 신호를 줄 수 있다는 경고(한국일보, 2024.8.10.)[156]가 있었다.

지방시대위원회 출범에 대해서는 긍정적인 평가(서울신문, 2023.11.1.[157] 경향신문, 세계일보, 이투데이)들이 있었다.

한편 지방언론들의 관심사는 정부의 균형발전에 대한 지지,

비판, 지역 사업에 대한 중앙정부의 관심 촉구 등 다양했다.

지방언론에서는 수도권 대학들의 반도체학과 정원 증원을 일제히 비판하고 있었다.[158]지방시대위원회 출범에 대해서도 거의 모든 지방언론들이 깊은 관심을 보이며 대통령의 실천 의지와 균형발전을 견인하기를 기대하고 있었다.

지방언론들은 기회발전특구에 대한 긍정 평가와 함께 '메가서울론'을 비판하며 지역 메가시티화를 일제히 주문하고 있었다. 특히 강원도민일보는 서울 그린벨트 해제는 '지역 포기'라며 비판했다.(강원도민일보, 2024.8.30.)[159] 영호남 소재 지방언론들은 광주~대구 간 달빛철도 특별법 통과에 이구동성이었다. 헌정사상 최다인 261명의 국회의원들이 공동발의한 여야 협치의 상징 법안이자 영호남 상생의 균형발전을 위한 대표 법안인데도 불구하고 정부가 선심정책 논란에 대한 우려 때문에 자동폐기될 가능성이 있다며 경고(대구신문, 2024.1.16.,[160] 경북일보2024.1.14.,[161] 남도일보, 2024.1.9.,[162] 광주일보, 2023.12.29.[163])하고 있었다.

특히, 지역신문발전기금 삭감을 비판하는 사설(중부매일, 경남신문, 경인일보, 남도일보, 강원일보, 광주일보)도 많았다.

수도권 규제 완화에 대한 시각차는 여전했다. 비수도권 소재 언론들은 수도권 규제 완화를 비판하는 반면, 수도권 소재 언론들은 규제 완화는 물론, 비수도권과 똑같은 수준의 기회특구지정을 촉구하고 있었다. 지방시대위원회가 지정하는 기회발전특구를 수도권 인구 감소 지역과 접경 지역에도 지정할 수 있다지만 비수도권과 달리 특구 지정 권한을 지방시대위원회가 가져 수도권을 기만하는 것 아니냐(경인일보, 2024.12.19.)[164]는 우려에다 강화 옹진이 기회발전특구로 지정되면 지방의 특구보다 더 큰 경쟁력을 가질 것이라며 인천시의 빈틈없는 특구 지정 준비를 촉구(경기일보, 2023.12.5.)[165]하기도 했다.

4.2 언론의 역할과 한계

지금까지 역대 정부별로 중앙언론과 지방언론 간 균형발전에 대한 사설을 살펴봤다.

그 결과, 중앙언론과 지방언론는 사설 건수에 있어서 큰 차이를 보이고 있었다. 중앙언론에서 균형발전이나 지방분권 등을 다룬 사설 건수는 지방언론의 10% 안팎에 그치고 있었다.[166] 중앙언론과 지방언론을 합친 전체 분석대상 사설 중 중앙언론의 비중이 가장 높았던 때는 노무현 정부 때의 18%였다. 이어 김영삼 16%, 이명박 12% 순이었다. 건수로는 중앙언론 86건에 지방언론 1,393건 등 1,479건을 기록한 문재인 정부가 제일 많았다. 그 다음은 윤석열 정부 1,130건, 노무현 1,107건, 이명박 827건, 박근혜 602건 순이었다.

중앙언론에서 균형발전을 다룬 사설 건수가 지방언론에 비해 훨씬 적었던 것은 주목할 만한 현상이다. 중앙언론들은 신행정수도 이전, 공공기관 이전, 메가시티 논란 등 정부 정책이 수도권에 미치는 영향이 큰 경우를 중심으로 목소리를 냈다. 하지만 지방언론들이 관심을 보인 균형발전 정책에 대해서는 사설을 내는 경우가 드물었다.

논조에서도 확연한 시각 차이를 보이고 있었다.

균형발전의 딜레마 : 효율성 vs 당위성

중앙언론은 균형발전의 당위성은 인정하면서도 국익 중심의 경제적 효율성도 강조하고 있었다. 균형발전 정책을 추진해야 하지만, 나눠주기식 균형발전 정책을 추진하게 되면 국익에는 도움이 되지 않을 것이라는 지적이었다. 균형발전 정책 추진에 따라 예상되는 부작용과 지역 간 갈등 요인을 부각하며 결과적으로 균형발전의 필요성에 부정적인 시각을 투영하는 경우도 많았다. 이는 정치 및 경제 권력이 서울에 몰린 '서울공화국'으로 상징되는 국가 불균형발전 상황에서 수도권 집중화의 불가피성에 면죄부를 주면서 균형발전을 더욱 어렵게 하는 요인으로 작용하는 것으로 보인다.

한편 지방언론들은 균형발전의 당위성과 경제적 효율성을 뛰어넘는 통합 정신을 강조했다. 효율성도 필요하지만 수도권으로 기울어진 불균형 문제를 해소하려면 비수도권에 대한 정책적 배려를 해야 한다는 것이다. 그래야 국익을 키울 수 있다는 논리이다. 이런 논지 아래 지방언론의 사설들은 균형발전의 당위성을 강조하는 논조가 대부분이었다. 또 해당 언론사가 소재한 지방 중심의 균형발전을 강조하는 경우가 대부분이었다.

이로 인해 균형발전을 둘러싼 갈등의 중재보다 갈등을 부추기거나 직접 갈등의 주체가 되는 사례가 적지 않았다.

특히 수도권 규제 완화에 대해서는 같은 지방언론이라도 소재지가 수도권인 경우와 비수도권인 경우, 상반된 목소리를 내고 있었다. 경인일보 같은 수도권 소재 언론들은 수도권 규제가 역차별이라고 비판하고 있었다. 나머지 영호남 소재 지방언론들은 이구동성으로 수도권 규제를 외치고 있었다.

여러 지자체의 이해관계가 걸린 지역 사업에 대해서도 한 목소리를 내고 있었다. 영호남 지자체들이 요구한 달빛철도 사업에 대해 중앙언론은 경제적 가치가 없다며 비판했으나 영호남 소재 지방언론들은 이런 중앙언론의 시각을 기득권 옹호 논리라며 반박하고 있었다.

언론 시각차이, 정책 정당성과 실효성 약화 요인

이러한 언론의 시각 차이는 균형발전 정책을 추진하는 과정에서 여론의 분열을 초래하며, 정책의 정당성과 실효성을 동시에 약화시키는 요인이 되고 있었다.

균형발전은 정부의 노력만으로는 달성하기 어려운 복합적 과제이다. 국회에서 입법으로 뒷받침하지 않으면 무용지물이다. 여기에 언론의 역할도 빠트릴 수 없다.

언론은 정부가 균형발전을 위한 계획을 체계적으로 수립하는지, 국회는 입법을 위한 논의 과정에서 합리적인 의사결정을 하는지 등을 분석하는 감시견의 역할을 게을리 해서는 안 된다. 만약 정부의 정책이 국가의 균형발전을 위한 종합적인 계획에서 나오는 게 아니라 정치적 이해관계 때문에 국민적 공감대 없이 추진된다면 따끔한 비판도 할 수 있어야 한다.

특히 수도권 정책을 둘러싼 오랜 갈등을 감안하면 언론의 역할은 더욱더 중요하다. 수도권 집중과 이로 인한 지역 불균형 문제는 우리 사회가 안고 있는 큰 숙제다.

1960년대 박정희 대통령이 임시 행정수도 건설을 밝힌 이래, 역대 정부는 거의 예외 없이 균형발전과 국가 발전을 위한 다양한 정책을 추진했다. 그런데 정부 국정운영의 지향점에 따라 규제 강화와 완화를 왔다 갔다 번복하는 일이 다반사였다. 이는 일관성 없는 수도권 정책으로 나타났고 균형발전은커녕 불균형발전의 심화로 나타나고 있다.

윤석열 대통령이 '전국 어디서나 살기 좋은 지방시대'를 만들겠다고 선언한 데서 드러나듯 균형발전 문제는 여전히 우리 사회의 숙제로 남아 있다. 이런 역사적 사실을 감안하면 그동안 언론의 균형발전에 대한 감시가 제대로 작동되지 않았다고 밖에 볼 수 없다.

글로벌 금융위기 등 대외 요인이 수도권 규제 정책에 변수로 불가피하게 작용한 경우도 있었으나 국토 균형발전 정책은 일관성이 중요하다. 정권 교체로 국정운영 방향이 바뀌더라도 국가의 장래를 위해 일관성 있게 추진되어야 할 정책 중 하나가 균형발전 정책이다.

중앙언론, 균형발전에 더 많은 관심 가져야

중앙언론은 균형발전에 더 많은 관심과 책무감을 가져야 한다. 그동안 중앙언론은 균형발전 정책에 대한 평가를 할 때, 주로 경제적 효율성을 강조하며 지역민의 관점을 외면하는 경향이 있었다. '효율성 중시'라는 논리는 경제적 이익을 고려한 것으로, 장기적으로는 지역 불균형을 심화시키고 국가경쟁력을 약화시킬 가능성이 크다.

한편 지방언론의 경우, 중앙언론에 비해 균형발전을 위한 에너지를 더 많이 쏟아 붓고 있다. 지방언론에서는 균형발전의 당위성을 강조하며 지속적으로 문제를 제기한다. 하지만 여전히 불균형발전이 이어진다는 점을 참작하면, 지방언론의 노력이 행정부나 입법부의 의사결정에 미치는 영향이 제한적인 것으로 보인다. 물론 이런 점 때문에 지방언론사들이 더욱더 균형발전의 당위성을 강조하는 방향으로 목소리를 내는 것으로도 볼 수 있다.

차제에 중앙언론과 지방언론 모두 균형발전에 대한 접근 방식을 개선할 필요가 있다. 중앙언론은 헌법상의 가치인 균형발전이 제대로 추진되도록 행정부와 입법부를 견제하고 감시하는 역할을 더 강화해야 한다. 균형발전 정책을 평가하는 데 효율성만을 강조하는 것이 아니라, 국가의 장기적 발전과 사회통합의 관점에서 평가해야 한다. 지방언론은 지역이기주의에 함몰되지 않도록 주의하고, 지역 이슈를 다룬다고 하더라도 전국적 시각에서 균형발전에 필요한 문제인지를 냉정히 판단하고 비판할 것은 비판하는 태도를 지녀야 한다.

균형발전 문제는 언론사 소재지나 매체 성향에 따라 바뀔 만큼 달라질 문제가 아니다. 중앙언론은 수도권 중심 보도 관행을 재고하고, 지방언론은 지역 발전 논리에만 매몰되지 않는 균형 잡힌 보도를 통해 정책 공론화를 이끌어야 한다.

5장

미래 균형발전의 4대 전제조건과 5대 실천방안

역대 정부에서는 저마다 균형발전을 강조했다. 대통령은 균형발전을 국정운영의 핵심과제로 내세웠고 정부는 이를 위한 구체적 정책 추진에 나섰다. 하지만 역설적으로 불균형발전은 더 심화됐고 지방은 소멸 위기에 내몰린 상황이다. 겉으로는 균형발전을 강조하면서도 실제로는 불균형발전에 치우친 국정운영을 한 결과이다. 불균형을 일부러 유도하지 않았다고 해서 균형발전 정책을 잘 추진했다고 주장할 수는 없을 것이다.

이 장에서는 역대 정부의 균형발전과 분권 정책에 대한 반성을 토대로 지속가능한 미래 균형발전을 위한 4대 전제조건과 5대 실천방안을 모색하고자 한다.

5.1 균형발전을 위한 4대 전제조건

지속가능한 균형발전을 하려면 견고한 정책 환경을 제대로 갖추고 있어야 한다. 필자는 이를 '형식적 조문으로만 남아 있는 헌법 정신 되살리기', '저출산으로 귀결되는 인구 구조 변화에 대한 대응 방식 변화', '기존 서울 중심의 국가 시스템 변화' 그리고 '지방분권형 균형발전'을 4대 전제조건으로 제시한다. 먼저 헌법 정신 실천이다.

헌법 정신 실천부터

헌법 정신을 실천에 옮기는 것은 국가 균형발전 전략의 근본적인 토대이다.

헌법은 국가의 최고법으로 국가 통치권이 수행하는 모든 통치 작용에 정당성을 부여하고, 그 통치 작용을 제한하는 통치권 행사의 제한 원리로 기능한다.[167] 다시 말해 정부 또는 국회가 법안을 입안할 때에도 헌법의 기본원리를 침해하지 않는 범위 내에서만 법령 입안권을 행사할 수 있다는 한계를 준수해야 한다는 것이다.

헌법에서 국가 균형발전을 규정한 조항들은 다음과 같다.

헌법 제120조는 국토와 자원은 국가의 보호를 받으며, 국가는 균형 있는 개발과 이용을 위하여 필요한 계획을 수립해야 함을 명시한다. 제122조에서는 국가는 국민 모두의 생산 및 생활의 기반이 되는 국토의 효율적이고 균형 있는 이용, 개발과 보전을 위하여 법률이 정하는 바에 의거해 그에 관한 필요한 제한과 의무를 과할 수 있다고 명시한다. 제123조에서는 국가는 지역 간의 균형 있는 발전을 위하여 지역 경제를 육성할 의무를 진다고 국가의 균형발전에 대한 책무를 규정하고 있다.

그런데 헌법에서 말하는 균형개발, 균형발전의 의미를 살펴봐야 한다. 균형이 갖는 추상성 때문에 해석하기에 따라서는 '균형발전 불가론'과 '균형발전 무용론'이 나올 수 있기 때문이다.

▌균형발전 불가론과 무용론

국립국어원의 표준국어대사전에서는 '균형'을 어느 한쪽으로 기울거나 치우치지 아니하고 고른 상태라고 정의한다. 이는 다소 추상적인 개념이라 구체적인 모양으로 그리기는 매우 어렵다.

기계적으로 해석하면 국가는 우리나라의 모든 지역이 같은 수준의 경제적, 사회적, 환경적 여건을 갖추도록 해야 한다. 하지만 이는 현실적으로 불가능한 일이다. 이런 이유로 균형발전은 달성할 수 없다는 '균형발전 불가론'이 나온다. 지역마다 입지 여건이나 생산 활동의 핵심 자원인 인구나 자본력은 차이가 있기 마련이다. 이런 상태에서 모든 지역을 인위적으로 균형 있게 발전시킨다는 건 불가능하다는 주장이다.

아예 균형발전이 필요 없다는 '균형발전 무용론'도 있다. 현실적으로 특정 지역의 경제 성장과 발전은 지역의 경쟁력 유무에 따라 달라질 수밖에 없다. 이런 상황에서 균형발전을 명분으로 특정 지역의 개발을 억제하고 낙후 지역 개발에만 국가 역량을 쏟아붓는 건 경제적 효율성만 떨어뜨리는 일이라는 것이다. 말하자면 균형발전 불가론이나 무용론은 모두 균형발전의 부정적 측면을 강조한다.

▌균형발전은 훼손할 수 없는 본질적 가치

하지만 헌법은 대한민국이 추구해야 할 근본적 가치를 담고 있다. 헌법에서 국가의 균형개발과 균형발전의 필요성을 명시하고 있는 것은 균형개발과 발전이 국가가 보장해야 할 근본적

가치이기 때문이다. 바꿔 말해 균형개발과 균형발전은 경제적 효율성 추구를 넘어 국가의 기본가치인 평등과 형평성을 실현하는 데 중점을 둔다. 균형발전은 경제적 효율성을 이유로 훼손할 수 없는 본질적인 가치이다.

풍부한 물적 자원에다 접근성도 용이해 경제 활동이 활발한 지역이 있는가 하면, 상대적으로 낙후되고 소외된 지역도 있다. 국가가 이런 차이가 심한 지역을 방치하면 경제적 불평등뿐만 아니라 정치적, 사회적 불안 요인으로 작용해 국가 통합을 저해하는 위험 요소가 될 수 있다. 국민이 거주 지역에 따라 삶을 누리는 기회가 다른데도 국가가 이를 외면하면 국민 보호의 의무를 다하지 못하는 것이다.

물론 거주하는 지역마다 정치, 경제적 사정이 다르기에 국민에게 완벽한 평등은 보장해 줄 수는 없을 것이다. 하지만 국가에게는 국민이 어디에 살든지 간에 동등한 기회를 누리고, 최소한의 삶의 질을 유지할 수 있도록 지역 간 균형발전을 추구할 의무가 있다. 윤석열 정부가 내건 '전국 어디서나 살기 좋은 지방시대 구현'은 이러한 헌법적 가치를 실천에 옮기려는 것으로 보인다.

나아가 헌법은 국가의 지역 경제 육성 의무를 명시함으로써, 국가가 지역적 격차를 방치하지 않고 적극적으로 지원해야 한다고 명시한다. 헌법 119조 2항에서는 국가는 균형있는 국민 경제의 성장 및 안정과 적정한 소득의 분배를 유지하고, 시장의 지배와 경제력의 남용을 방지하며, 경제 주체 간의 조화를 통한 경제의 민주화를 위하여 경제에 관한 규제와 조정을 할 수 있다는 것을 명시하며 경제민주화를 강조하고 있다. 경제 주체 간의 조화를 이루기 위해 국가가 경제에 개입할 수 있고, 이를 통해 적정한 소득 분배를 추구하라는 것이다.

정리하자면 헌법에서 국가의 균형발전을 규정하고 있는 것은 단순한 경제적 효율성이라는 잣대만으로 균형발전 정책을 펴서는 안 됨을 의미하는 것이다.

하지만 지금까지 살펴봤듯이 일부 국가 지도자들은 이러한 헌법 정신을 잊은 채 균형발전 방향을 경제적 효율성 중심으로 판단하여 결과적으로 수도권으로 기울고 치우친 불균형발전을 심화시켜 왔다.

우리나라 고도성장의 상징이라고 할 만한 '한강의 기적' 신화는 헌법에 명시된 대로 국토 균형개발과 지역 간 균형발전을 위해 그리고 수도권 집중 완화에 적극적으로 나서지 않은 수도권 선택과 집중의 결과이다. 지역 간 소득 및 고용 기회 격차가 현실이다 보니 웬만하면 수도권으로 이주하려 한다. 최근 디지털 인공지능 기반의 신성장산업을 둘러싼 국제사회 경쟁 가속화 또한 수도권 집중을 가속화시키는 요인이다.

▮모든 공직자가 균형발전을 강조하는 헌법 정신 실천해야

대통령에서부터 최일선 공무원에 이르기까지 국가 및 지방 공무원들이 균형발전의 헌법적 가치를 다시 한번 가슴에 새겨야 한다. 국토의 11.8%에 불과한 수도권을 제외한 나머지 대부분의 국토를 황무지로 방치할 게 아니라면 정책 역량을 비수도권 발전에 쏟아야 한다. 그래야 수도권으로 심하게 기울어진 국가 경제의 왜곡 현상을 바로잡을 수 있을 것이다.

헌법상 조문으로만 남아 있는 균형발전의 가치를 실천에 옮겨야 한다. 그러려면 대통령에서부터 모든 공직자가 헌법 정신에 입각한 국가 균형발전의 철학을 가슴에 새겨야 한다.

대통령은 물론 각 부처 장관에 이르기까지 국가 중요 의사 결정권자들은 사실상 모두 서울에 살면서 정책을 논의한다. 대부분의 중앙부처가 세종청사로 이주했지만, 중요한 의사결정은 서울에서 이뤄진다. 입법부도 마찬가지다. 지역구가 비수도권인 의원들이 있으나 이들 역시 서울에 거주하면서 주말에만 자신의 지역구에서 의정활동을 하는 경우가 대부분으로 서울 중심의 사고에서 벗어나지 못한다. 국가지도자나 정치인들이 저마다 입으로는 균형발전을 강조하지만, 실제로는 그렇지 않다. 균형발전은 정치인들의 구호가 아닌 실제 정책으로 반영되어야 할 숭고한 가치이다.

▎자치 단체장 정당공천 폐지, 광역 및 기초의회 통합도 필요

제대로 된 지역 균형발전을 위해서는 지방정치인의 정당공천제 폐지 및 광역 및 기초의회 통합이 필요하다.

지방자치는 말 그대로 지방이 스스로 살림을 꾸리며 주민의 삶의 질을 높이는 일이다. 그리고 이 일은 지방자치단체와 지방의회가 한다. 그런데 단체장과 지방의회 의원이 중앙당의 공천을 받아 선거에 출마하면서 지방정치는 중앙정치의 부속물로 전락해 본연의 기능을 살리지 못한 상태다.

지방정치에 관심 있는 사람들로서는 공천권을 받기 위해 중앙당에 매달릴 수 밖에 없다. 선거철은 물론 임기 내내 중앙당의 눈치를 보느라 지역 실정에 맞는 정책 수립이 어렵다.

하지만 단체장과 지방의회의 역할을 생각해보자. 단체장은 지역 실정에 맞게 살림을 잘 꾸려가는 것이 책무이다. 지방의회 의원은 단체장을 비롯한 지자체가 제대로 살림을 꾸려나가는지를 감시하며 주민의 삶을 돌보는 게 본업이다. 그런데 공천권을 앞세운 중앙당의 관여로 원래해야 할 일은 뒷전이다.

지방 행정에 중앙당의 정강 정책이 개입할 이유가 없다. 하지만 정당공천제가 있다 보니 이들은 유권자의 눈치보다 중앙당의 눈치를 더 살피지 않을 수 없다. 중앙당의 정책과 이념에 맞추게 되면서 지방자치의 본질은 형해화된다.

물론 정당공천제를 폐지하면 기득권자인 전현직 단체장의 권력 비대화와 토호 세력의 발호 등을 우려하는 목소리도 있다. 하지만 진정한 지방자치 정신을 살리려면 지방을 위한, 지방에 의한, 지방의 선거가 돼야 한다. 지금처럼 영남은 보수당, 호남은 진보당 깃발만 내걸면 당선되는 것은 지역주의만 고착화시키는 일이다.

지방의회의 정당공천제 폐지도 필요하다. 지금처럼 특정 정당의 공천만 받으면 '묻지마 투표'로 당선되는 실정에서 단체장과 같은 당적을 가진 의회라면 제대로 된 집행부 감시는 기대하기 어렵다. 특정 정당의 공천없이 자신의 전문성을 토대로 의정 활동을 하는 것이 훨씬 지방자치 정신에 부합하는 일이다.

정당공천제 폐지와 아울러 지방의회 구조 개혁도 필요하다.

특히 도시지역의 경우, 광역의회와 기초의회 간 역할이 중복되는 경우가 많다. 이는 시의회와 구의회의 의정활동보고서를 보면 더욱이 확실해진다. 행정권역이 넓은 도의회나 군의회는 예외로 하더라도 특별시 및 광역시의 광역의회와 기초의회는 통합하는 것이 바람직하다고 본다. 이를 통해 지방 행정의 중복 문제를 없애고 불필요한 세금 낭비도 막을 수 있다.

민선 자치단체장은 지역 정치인으로 국회의원이나 대통령처럼 국정을 논의하는 중앙 정치인이 아니다. 이들은 지역 주민의 삶의 질을 제고하기 위해 지역밀착형, 생활중심형 정치를 실천해야 한다. 중앙당 눈치가 아닌 지역 주민 목소리에 귀기울이고 지역 실정에 맞는 정책으로 지방자치 정신을 실천에 옮겨야 한다.

인구 감소 인정해야

인구는 지역 성장의 핵심이다. 인구 증가는 노동력 증가로, 인간의 활동은 소비 활동으로 이어지며 지역 경제 성장에 큰 영향을 미친다. 인구 성장은 도시 성장 그 자체나 다름없다.

이처럼 인구 증가는 국가 성장에 바람직하지만 유감스럽게도 우리나라는 인구 감소라는 현실에 직면에 있다. 우리나라의 인구 감소는 '예고된 미래'이자 '피할 수 없는 미래'이다. 통계청 자료에 따르면 가임기 여성(15~49세) 1명이 가임기간(15~49세) 동안 낳을 것으로 예상되는 평균 출생아 수를 뜻하는 합계출산율은 1970년 4.53명에서 2023년 0.72명으로 뚝 떨어진 상태다. 1983

년에는 한 세대의 부부가 그들 자신을 대체하기 위해 가져야 할 자녀 수를 의미하는 대체출산율(2.1명) 아래인 2.06명으로 떨어졌다. 이후 2000년대에 접어들어 저출산 현상이 가속화되면서 2000년 1.48명, 2010년 1.23명으로 낮아져 2023년 기준 0.72명까지 추락한 상태다. 1970년을 기준으로 하더라도 인구 감소 추세는 50년 전부터 예견된 문제였다. 또 통계청의 장래인구추계에 따르면 우리나라 인구는 2022년 5,167만 명에서 2052년 4,627만 명으로 감소한다. 쉽게 말해 인구 감소 추세가 앞으로도 계속된다는 것이다. 이는 정부가 국가 발전 계획을 세울 때 인구 감소 문제를 상수로 잡지 않고서는 무의미한 계획이 될 것임을 의미한다.

균형발전 차원에서 보더라도 비수도권의 인구 감소 상황은 심각한 위기 수준이다. 통계청의 인구총조사에 따르면 수도권 인구 비중은 1960년 20.8%에서 2022년 50.5%로 지속해서 증가하고 있다. 급격한 산업화를 거치면서 수도권으로 인구가 집

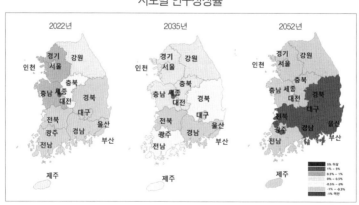

시도별 인구성장률

자료_ 통계청, 장래인구추계(시도편) : 2022~2052년

중된 결과다. 산업화는 물론 물리적인 이동의 필요성이 덜한 디지털시대인데도 불구하고 수도권 집중 현상은 여전해 2052년에는 수도권의 인구 비중이 53.4%로 더 늘어날 전망이다.

▎인구 감소 전망 속 지자체는 인구 증가 전망

더 심각한 문제는 이러한 수도권 집중 현상을 해소하지 못한 상황에서 우리나라가 인구감소시대에 접어들었다는 점이다.

통계청의 장래인구추계는 우리 사회가 오래 전에 인구감소 시대에 접어들었음을 경고하고 있지만 전국 지자체의 인구 전망은 장밋빛 일색이다. 전국 17개 시도에서 내놓은 도시기본계획 상 2040년 장래인구추계를 보면 서울시(871만 명에서 854만 명으로 감소)를 제외하고 부산, 인천 등 대부분의 광역시도가 2040년의 인구 전망치를 통계청의 전망치보다 높게 잡고 있다. 이런 긍정적인 전망은 지역 발전을 위한 지자체의 담대한 구상에서 나온 것일 수 있다.

하지만 목표인구를 기준으로 정부 예산이 배정된다는 점에서 '뻥튀기 산정'이라는 비판을 피하기 어렵다. 예를 들어 국토부는 2017년 8월 6일에 2035 평택 도시기본계획안에 대한 국토 계획평가 결과에 따라 목표인구(120만 명, 현 인구 47만 명)를 적어도 30만 명 이상 감축하도록 경기도와 평택시에 통보했다는 보도자료를 내기도 했다. 평택시가 제시한 목표인구 120만 명은 연평균 인구증가율 4.7% 수준으로 최근 5년간 평택시 인구증가율(1.98%)에 비해 지나치게 높아 실현가능성이 현저히 떨어진다고 본 것이다.

이런 식의 비현실적 인구 전망은 저출산과 인구 감소라는 현실적인 문제를 반영하지 못한 채, 난개발을 초래하며 지역 발전에 오히려 나쁜 영향을 미칠 수 있다. 이러한 수도권 집중과 비수도권 소외의 현실은 저출산이라는 국가적 문제와도 긴밀히 연결된다. 저출산 문제를 해결하지 않고서는 균형발전도 요원하다.

▌저출산 대책의 한계와 패러다임 전환 필요

지자체의 장밋빛 인구 전망뿐만 아니라 저출산 문제를 해결하려는 정부의 노력 또한 현실과 괴리가 있다. 국회예산정책처에 따르면 정부에서 저출산 예산을 처음 편성한 2006년부터 2023년까지 15년간 380조여 원의 저출산 예산이 투입됐다. 하지만 세계 최저 수준의 합계출산율이라는 초라한 성과뿐이다. 이는 지금까지 역대 정부가 저출산 극복을 위해 이처럼 어마어마한 돈을 실제로 투입했는지 여부는 차지하더라도 예산 투입만으로는 저출산 문제를 해결할 수 없음을 여실히 보여준다.

다시 말해 인구 정책과 균형발전 정책을 연계해야 한다는 뜻이다. 단순히 출산율 제고에 초점을 맞추는 것이 아니라, 지역의 삶의 질 향상과 사회 전반의 지속가능한 발전을 동시에 추구하는 통합적 방안을 추진해야 함을 의미한다.

지속가능한 균형발전을 위해서는 인구 문제를 바라보는 우리의 인식을 바꿔야 한다. 과거 산업화시대, 성장지상주의가 가능했던 자원 개발을 통한 우상향 성장은 더 이상 기대하기 힘들다. 수도권은 이미 포화 상태이고, 비수도권 지역은 인구 감소와 고령화로 개발 여력이 없다. 게다가 세계 경제는 저성장 국면이 접어든 지 오래다.

필자는 이런 상황에서 인구 문제에 대한 인식 전환이 지속가능한 균형발전을 위한 전제조건이라고 본다. 이를 위해 인구가 어떤 요인들로 증감되는지 살펴본다.

인구 증감에 미치는 요인들은 다양하다. 고용률, 1인당 GRDP 등 경제 요인, 집값과 거주비용 같은 주거 요인, 교육, 문화시설 유무 등 다양하다. 혹한, 혹서 같은 자연적 요인과 출산 장려 및 제한, 주택 건설 사업 같은 사회적 요인에 의해서도 변화한다.

이러한 요인들은 복합적으로 맞물려 작용하면서 새로운 상황을 만들어 낸다. 예를 들어, 경제 구조의 변화로 인한 일자리 불안정성 증가나 주거비용 상승은 결혼 및 출산을 지연시킨다. 교육 환경의 변화로 인해 자녀 양육 부담이 증가해도 저출산으로 이어질 수 있다. 수도권 거주자들은 집값 상승 등의 경제적 부담으로 아이를 낳을 생각을 하지 못한다. 반면 비수도권 거주자들은 일자리 부족 문제로 출산을 고민할 겨를이 없다. 그리고 이런 분위기는 당분간 바뀌지 않을 것이다. 저출산 문제를 해결하겠다고 또다시 300조 원을 쏟아붓는다고 해서 해결될 일이 아니라는 것이다.

▌인구 감소 전제로 균형발전 전략 세워야

여성의 사회진출이 활발해지면서 양성평등사회가 됐다. 여기에 젊은 세대는 기성세대와 달리 집단주의 사고방식보다 개인

주의 사고방식이 일반적이다. 이는 우리나라만의 현상이 아니라 세계적 현상이다. 게다가 우리나라는 그 어떤 나라보다 생존 경쟁이 치열한 나라이다. 오래 전부터 우리나라는 자살율 1위를 기록 중이다. 정신적 스트레스가 얼마나 심한 지를 보여주는 지표이다. 여성이 출산을 기피하는 이유 중 가장 큰 것이 육아 및 교육비 부담 문제다. 요람에서부터 무덤까지 국가가 양육과 교육, 일자리 등 인생 전반을 돌봐주지 않는 한 아이를 더 낳기를 기대하는 건 우물가에서 숭늉을 찾는 일이나 다름없다고 본다.

정부의 인구추계 전망이나 젊은이들의 사고방식 변화를 감안하면 인구 감소를 정책의 상수로 받아들일 때가 됐다고 본다. 인구를 종전처럼 늘리는 성장 전략을 세우기보다는, 더 이상 줄어들지 않도록 방어하면서 삶의 질과 지역 균형발전을 제고하는 방향으로 정책을 수립해야 한다.

이를 위해서는 청년들이 선호하는 양질의 일자리를 비수도권에 창출해 지역의 자생력을 높이고, 결혼과 출산에 대한 부담을 줄여야 한다. 내 집 마련을 위한 정책적 지원은 물론 교육비 부담 완화 등도 지속적으로 추진해야 한다.

아울러 지역별 특성에 맞는 맞춤형 전략도 필요하다. 예를 들어 고령화가 심한 지역들은 고령자 친화적 도시 설계로 생활환경을 개선하고, 청년 인구 유입 가능성이 높은 지역에는 고용 중심 정책으로 지역의 발전 가능성을 제고해야 한다. 이처럼 지역의 특성을 기반으로 한 맞춤형 발전 전략 수립은 인구의 양보다는 삶의 질에 초점을 맞춘 균형발전 전략으로 이어질 수 있다.

인구는 지역성장의 핵심이다. 하지만 예전과 같은 성장은 불가능한 시대이다. 인구 감소를 인정하는 것은 지속가능한 균형발전을 위한 전제조건이다. 인구 감소를 위기로만 볼 것이 아니라, 우리 사회 구조와 가치관을 재정립할 기회로 삼아야 한다. 인구 감소를 현실로 받아들이고 이를 바탕으로 지역 발전 정책을 설계할 때가 됐다.

시도별 총인구 및 구성비, 2022~2052년

지역	총인구(만 명)							22년 대비 52년	
	2022년	2025년	2030년	2035년	2040년	2045년	2052년	증감	증감률(%)
전국	5,167	5,168	5,131	5,082	5,006	4,884	4,627	-541	-10.5
서울	942	934	910	890	871	844	793	-149	-15.8
부산	330	324	311	299	285	269	245	-85	-25.8
대구	237	233	224	216	206	196	180	-58	-24.3
인천	298	306	310	312	312	308	296	-1	-0.4
광주	147	145	140	136	132	127	118	-29	-19.7
대전	147	147	143	140	137	133	125	-22	-15.1
울산	111	109	105	101	96	91	83	-29	-25.7
세종	38	40	44	47	49	51	54	16	41.1
경기	1,369	1,395	1,428	1,448	1,451	1,435	1,381	12	0.9
강원	153	152	152	152	152	150	144	-9	-5.8
충북	162	163	164	164	163	161	154	-8	-5.0
충남	219	223	225	227	227	226	218	-0	-0.1
전북	178	175	169	165	160	155	145	-33	-18.4
전남	178	175	171	167	163	158	149	-28	-15.8
경북	263	258	252	247	240	232	217	-46	-17.4
경남	329	323	314	304	293	281	260	-69	-21.0
제주	67	68	68	68	67	67	64	-3	-4.7
수도권	2,609	2,635	2,648	2,650	2,634	2,587	2,471	-138	-5.3
중부권	719	724	727	730	729	721	695	-24	-3.3
호남권	570	562	548	536	522	506	477	-93	-16.3
영남권	1,270	1,248	1,207	1,167	1,121	1,069	984	-286	-22.5

자료_ 통계청, 장래인구추계(시도편) : 2022~2052년

서울 중심의 수직적 사고방식 탈피하기

두려워할 것은 늙음이나 죽음이 아니다. 녹슨 삶이다.

법정 스님의 말이다. 늙음과 죽음은 생명체라면 반드시 겪기 마련인 불가피한 현상이다. 그런데도 '녹슨 삶'을 두려워해야 한다는 것은 우리의 선택과 의지에 따라 인생이 달라질 수 있다는 뜻으로 인생을 의미 있고 충실히 살아야 한다는 점을 강조한 표현이다.

법정 스님의 이 가르침을 지역소멸이나 지역 불균형 문제에도 적용할 수 있다. 지역소멸이나 불균형 문제 그 자체를 두려워하며 비판하기에 앞서 이런 문제를 일으킨 '녹슨 삶'의 원인에 더 주목해야 한다. 이러한 '녹슨 삶'을 일으키는 원인 중에 우리 사회의 수직적 문화를 들 수 있다.

▍한국 사회의 수직적 문화 : 서울중심주의의 뿌리

지속가능한 균형발전을 위해서는 서울 중심의 수직적 사고방식에서 벗어나야 한다. 그렇지 않으면 균형발전은 구호에 그칠 수밖에 없다. 지역 간 불균형 문제를 해결하려면 사고방식부터 바꿔야 한다.

우리나라는 도시가 모여서 국가를 만들고 이런 국가들이 모여 탄생한 유럽연합이나 미합중국, 구소련, 중국처럼 넓은 국토 면적 때문에 수평적 의사 구조가 발달한 나라들과 달리 시스템이 중앙의 논리에 좌우되는 수직적 의사결정 구조를 갖고 있다.

조선시대의 한양 중심의 지배 구조는 권위주의 정부 시절 근대화 정책으로 서울 쏠림을 더 견고화했다. 디지털 정보화 시대라면 수도권이든 비수도권이든 특정 공간의 효용가치가 떨어지는 것이 정상이지만 우리는 반대다. '같은 값이면 다홍치마'라고 서울, 수도권 중심 문화는 더 강화되고 있다.

▌스카이(SKY) 캐슬, 서울약국, 연세치과

이러한 서울중심주의에 대한 반박으로 지방자치제 시행을 들먹이며 분권을 얘기할 수 있으나 대통령제 중심 국가에서 형식적인 분권일 뿐이다. '서울공화국', '수도권 일극체제', '스카이(SKY) 캐슬', '서울약국', '연세치과', '지방소멸', '말은 제주로 자식은 서울로' 등은 이러한 수직적 서열 문화가 우리 사회에 얼마나 뿌리 깊게 박혀 있는지를 여실히 보여준다.

이처럼 우리의 의식에 뿌리 깊게 박힌 서울중심주의 사고를 근본적으로 개혁하지 않는 이상, 생활 인구 개념 도입이나 지역내총생산 확대처럼 지역의 외형적인 덩치를 키우는 것만으로는 지역 불균형 문제를 풀 수 없다.

우리 사회에 서울중심주의 문화가 뿌리를 내린 배경에는 지리적 특성이 있다. 우리나라는 국토 면적이 작은 나라다. 미국, 중국, 러시아, 호주, 인도 등 국토가 광활한 나라들과 비교해 보면 확실히 알 수 있다. 이런 큰 나라의 측면에서 보자면 우리나라는 도시국가나 다름없다. 이런 작은 나라에서 중앙과 지방을 구분하고, 허울뿐인 지방자치나 자치경찰을 강조하는 것은 눈 가리고 아웅 하는 일인지도 모른다.

일부 지자체는 중앙정부의 재정 지원 없이는 공무원 월급도 제대로 주지 못할 정도로 열악하다. 또 일부 자치단체장들은 재정 여건을 고려하지 않은 채 다음 선거를 의식한 치적용 사업에 눈이 먼 나머지 불필요한 사업을 밀어붙이는 경우도 적지 않다. 국책 사업인 송전망이나 데이터센터 건설을 주민들이 반대한다는 이유로 무조건 반대하는 지자체의 일 처리는 민선 자치의 민주성을 표현한 것이라고는 하나 국가 전체의 이익 제고와는 거리가 있다.

지역이기주의의 폐해의 심각성을 감안할 때, 대통령의 합리적 통솔력만 전제된다면 민선 지방자치제를 없애고 광역지자체이든, 기초지자체든 임명직 공무원이 운영하는 것이 훨씬 더 지역 발전에 도움이 될 것이라는 주장도 있다.

일면 일리 있는 지적이다. 게다가 정보통신기술의 발전으로 시공간의 개념이 무너진 상황이다. 중앙정부에서 국토 전체의 지리적, 산업적 특성을 고려한 지역맞춤형 행정을 통해 효율적인 관리를 도모하는 것이 바람직할 수도 있을 것이다.

하지만 이런 일은 현실에서는 일어나기 힘들다. 아무리 중앙에서 각 지역의 고유한 경제, 문화, 환경적 특성을 살핀다고 하더라도 지방공무원 조직만큼 파악하기란 힘들 것이다.

중앙정부가 지역 행정도 잘할 수 있다는 인식은 전형적인 서울중심주의 사고의 발로이다. 중앙은 늘 잘하며 옳고, 지방은 못하고 틀리다는 시각이다. 하지만 이는 착각이자 잘못된 현상 유지 사고다.

대통령이 마음에 들지 않는다고 해서 직선제를 무턱대고 없애기는 어렵듯이, 국토가 작다는 이유만으로, 자치행정이 비효율적이라는 이유만으로 민선 자치제를 없애는 것은 교각살우가 될 수 있다. 시민의 정치 참여 권리를 침해하며 지방자치의 정신을 훼손하는 일이다.

▌서울중심주의에 도전한 균형발전

우리는 지방자치의 한계에도 불구하고 지역 균형발전을 위한 노력을 계속해오고 있다. 수도 이전을 추진하며 균형발전을 위해 국정 역량을 쏟아 부은 노무현 정부가 이런 경우다. 보수층 일각에서는 참여정부의 균형발전론이 나라 발전을 저해했다고 비판한다. 인위적인 지역 균형발전 정책으로 나라를 두 동강나게 했다는 주장이다. 실제로 행정수도 이전을 둘러싼 정치적 갈등과 공공기관 이전에 따른 행정의 비효율화 등 그 폐해가 나라 발전에 걸림돌이 됐다는 시각이 보수층을 중심으로 많이 제기됐다. 변변한 기업은커녕 백화점 하나도 없어 쇼핑은 대전 등으로 나가는 세종청사 사람들, 혁신도시에 치과가 없어 자동차로 1시간이나 이동해야 한다는 진천군 혁신도시 근무자 등 인위적 공공기관 이전으로 인한 부작용은 지금도 여전하다.

하지만 이는 사회 기반이 수도권에 집중된 상황에서 헌법 122조에 따른 국토의 균형개발을 강제로 추진하는 과정에서 기득권의 저항에 부딪혀 제도를 안정화하는 데 시간이 걸릴 수밖에 없다는 점을 간과한 것이다. 당시 이렇게라도 하지 않았다면 서울공화국 현상은 지금보다 더 심해졌을 것이라는 점을 잊지 말아야 한다. 조선시대 이래 뿌리 박힌 서울 중심의 수직적 사고를 지역 중심의 수평적 사고로 전환하는 데 시간이 걸리는 것은 어찌 보면 당연한 일이다.

서울공화국이라는 용어에서 드러나듯 우리나라의 수도 폭식 현상은 세계적으로 보더라도 그 정도가 심하다. 바로 이 점이 역대 정부에서 균형개발론을 내세운 배경이다. 하지만 형식적인 균형발전이었다. 균형발전을 강조했지만 실제로는 수도권에 3기 신도시를 조성하며 120만 호의 주택을 공급했고 GTX 건설에 15조 원이 넘는 돈을 쏟아 부었다. 정부 투자가 수도권에 몰리면서 2000년 이후 해마다 10만여 명의 비수도권 청년들이 수도권으로 이동하는 인구의 빨대 효과만 가져왔다. 그나마 균형발전을 내세운 정부의 재정 사업도 지자체에 나눠주는 방식으로 이뤄지면서 기대만큼의 효과를 거두지 못하고 있다.

▌또다른 '탈서울'의 시도 : 지방시대 구현

이런 상황에서 윤석열 정부는 '지방시대 구현'을 기치로 내걸고 있다. 공공기관 이전 등 국토의 물리적 배치 시도는 없지만 중앙의 재원과 권한을 지방으로 넘기며 의도적인 지방 키우기에 나서고 있다. 지자체 간 행정통합을 독려하며 지방의 자생력을 키우려 한다. 더 이상 수도권 집중화로 인한 폐해를 방치할 수 없기 때문이다. 정부가 지방시대를 강조하는 것은 바람직한 국정운영 방향이다.

서울공화국, 수도권 일극체제, 지방소멸이라는 말이 나오는 건 정부 투자가 효율성을 이유로 수도권에 우선되면서 집적으로 인한 경제적 과실은 수도권만 누리고, 인적 자원 유출과 소멸 위기로 인한 집적의 부작용은 전 국민이 떠안는 구조적 모순이 계속되고 있기 때문이다. 수도권 집중으로 인한 부작용이 심각한 상황에서 효율성 강화에만 매달린 나머지 비수도권을 황무지처럼 방치하는 것은 전 국민을 돌봐야하는 국가의 기본 책무를 져버리는 것이다.

물론 사정이 이렇다고 해서 수도권의 경쟁력을 무시한 채 기계적으로 비수도권에 국가 역량을 쏟아 부으라는 것은 아니다. 균형발전을 '수도권 대 비수도권'의 이분법적 사고로 풀어선 안 된다.

서울도 하나의 지방이다. 하지만 수도라는 특별한 지위를 가지면서 우리나라의 인적, 물적 자원을 하마처럼 빨아들이며 '폭식의 대부'로 전락했다. 국가의 수도는 수도답게 글로벌 대도시와 경쟁을 벌여야 하는 만큼 경쟁력 강화를 게을리 할 수 없다. 최첨단 정보통신기술을 활용한 도심항공교통수단(UAM) 도입 등 도시 과밀 문제를 선도적으로 해결하는 한편, 국제도시 간 외교로 글로벌경쟁력을 높여야 한다. 물론 이렇다고 해서 지역 간 균형발전의 필요성을 외면해서는 안 되며, 과거 경험했던 무리한 지방 이전 정책이 가져온 부작용 또한 반복해서는 안 된다.

▌'같은 값이면 다홍치마' 사고에서 벗어나야

균형발전에서 서울 중심의 수직적 사고방식을 벗어던져야 한다는 것은 획일화된 중앙 중심의 정책에서 벗어나야 한다는 의미이다. 수도권에는 병원 등 의료시설은 물론, 공연장, 미술관 같은 문화시설도 즐비하다. 반면 쓰레기처리시설이나 화장시설

5장 미래 균형발전의 4대 전제조건과 5대 실천방안

등 이른바 님비 현상의 시설물들은 찾기 어렵다. 사람들이 선호하는 인프라는 서울에, 혐오시설은 비수도권으로 내모는 것은 왜곡된 서울중심주의 사고가 낳은 대표적 병폐의 흔적들이다.

정책결정자들이 정부의 권한이나 재정이양을 결정함에 있어 '같은 값이면 다홍치마'라는 식으로 사람들이 선호하는 시설은 서울에, 꺼리는 시설은 지방으로 보내는 일은 더 이상 하지 말자는 것이다. 이와 같은 부작용을 해결하기 위해 공적인 신규 투자는 비수도권 지역에 우선적으로 배려해야 하며, 이는 헌법에 명시된 국토 균형발전의 원칙에 부합하는 일이다. 경제적 효율성만을 잣대로, 수도권 주민들이 좋아한다는 이유로 공공자원을 서울중심주의에 따라 배분하면 서울을 비롯한 '수도권 공화국'으로 대한민국의 이름을 바꿔야할 지도 모른다.

▮ 전문가 절반이 균형발전 불가능하다고 진단

2022년 국토연구원에서 국토종합계획 50주년을 맞아 학계 연구원, 부처 실무자 등 전문가 50명을 대상으로 국토종합계획에 대한 전망과 정책 방향에 대한 의견조사를 실시한 적이 있다. 수도권 집중 문제의 극복과 균형발전의 달성 가능성에 관해 질문한 결과, 절반인 50%가 이를 극복할 수 없을 것으로 내다봤다. 그만큼 우리 사회에 뿌리 깊게 박힌 수도권 집중 문제를 해결하기 힘들다고 본 것이다.

하지만 절반의 성공 가능성은 남아 있다. 당시 이들은 지방 내 양질의 정주 환경 제공과 메가시티 전략 수립, 수도권은 글로벌도시로서 경쟁력을 강화하고 지방은 지역 특성에 맞는 경쟁력 높이기, 수도권과 경쟁할 제2의 수도권 만들기 등의 의견을 제시했다. 필자도 지적한 사항들이다. 서울중심주의 사고를 벗어던지면 가능한 일들이다.

절반의 성공이라도 해내려면 국토 균형발전을 위한 대통령의 확고한 의지와 지역 주민들의 참여와 지지를 끌어낼 지역구 국회의원과 지자체장 등의 지역 발전을 위한 헌신이 필요하다. 생업에 바쁜 서민들로서는 지역 발전에 대해 생각할 겨를이 없다. 국민의 세금을 받는 공직자와 정치인들이 머리를 맞대가며 후배 세대들이 지금보다는 더 행복한 삶을 살 수 있는 환경을 만들기 위해 노력해야 한다.

▌탈서울 위한 지방의 자발적 노력도 필요

비수도권은 아사 직전이다. 일자리도 문화시설도 병원 등 기본적인 기반까지도 수도권에 비해 형편없다. 대통령이 강조한 전국 어디서나 살기 좋은 지방시대를 열려면 무엇보다 비수도권의 경쟁력을 강화해야 한다. 양질의 일자리 창출뿐만 아니라 교육 및 문화, 의료, 복지시설을 확충해야 한다. 이를 통해 지역민의 삶의 질을 수도권 못지않게 개선해 지역인재 유출을 막는 것은 물론 수도권에서 비수도권으로 인구 유입이 일어나도록 해야 한다.

서울중심주의 사고방식에서 벗어나 전국 어디서나 살기 좋은 지방시대를 구현하려면 정부뿐만 아니라 각 지역 사회의 자발적인 노력도 중요하다. "항상 배우고 익히면서 탐구하는 노력을 기울이지 않으면 누구나 삶에 녹이 슨다."라는 법정 스님의

5장 미래 균형발전의 4대 전제조건과 5대 실천방안

말씀처럼 지역 사회가 정부 지원만 기다리는 것이 아니라 스스로 자립성을 강화하려고 노력해야 한다. 지방 사람들이 서울을 바라보고 동경만 할 것이 아니라, 서울 사람들이 감동할 만한 지방의 고유한 가치를 개발해 서울의 '눈길'과 '발길'을 끌어들이려는 노력을 배가해야 한다.

지방분권

지자체가 중앙정부의 입김에서 벗어나 독자적인 균형발전을 추구하려면 지방분권이 전제돼야 한다. 간단히 말해 지방자치단체가 '지방정부'로 법적 지위가 강화되어야 한다. 그래야만 진정한 자율 기반의 지역 균형발전을 도모할 수 있을 것이다. 지금처럼 지방자치단체가 중앙정부의 관리 감독 아래 제한적으로 자치행정을 하는 것은 국가 차원에서는 효율적인 일일 수 있다. 하지만 이는 자율과 경쟁이라는 자치의 원리에는 맞지 않는 일이다.

지속가능한 지방정부 실현이 전국시도지사협의회의 비전이다. 협의회는 이 비전의 3대 요소로 지방외교, 지역 균형발전, 지방자치분권을 제시하고 있다. 중앙집권적 체제에서 벗어나 지방의 역할을 강화하고 국제무대에서도 지방의 목소리를 높여 지역 발전을 하겠다는 의지의 반영이다.

지방분권이나 균형발전은 지역 정책이라는 공통점이 있다. 하지만 지향점에서는 뚜렷한 차이가 있다. 지방분권이 자유와 경쟁이라는 가치를 중시하는 지역 정책이라면, 균형발전은 지역 간 불균형 해소를 통해 형평성을 강화하려는 국가 주도의 지역 정책이다.

▎정부 주도 균형발전의 한계

지방분권은 균형발전의 필요조건이다. 분권으로 지역의 자율성과 책임성을 강화해 지역 특성에 맞는 지역 발전을 추진할 수 있다. 그러나 분권만으로 균형발전이 이루어지는 것은 아니다. 오히려 재원이 풍부한 지역과 빈곤한 지역 간의 격차가 심화될 수 있다. 달리 말해 지역 간 역량 차이로 인해 발전 속도에 차이를 낳으면서 중앙정부의 균형발전 정책이 더 필요해지는 모순에 빠질 수 있다는 것이다.

한편 균형발전은 지방분권의 개념을 포함하고 있다. 국고보조금 등 정부의 재원 이양은 균형발전을 위한 기본적인 정책 수단이다. 이러한 재정 지원을 통해 정부는 균형발전 정책을 주도해 왔다. 무산된 행정수도 이전, 혁신도시 건설, 공공기관 강제 이전 등이 그 예이다. 하지만 절반의 성공과 실패로 평가받고 있다. 이처럼 지방분권과 균형발전은 상호보완적이면서도 충돌할 여지가 있다.

▎균형발전과 지방분권의 전개 흐름

균형발전은 중앙정부의 관심사이면서 지방의 가치이기도 한 지역 정책이다. 박정희 대통령이 수도권과 경부선을 중심으로 경제 발전이 가속화되자 임시 수도 이전을 준비한 것은 대통령

제 국가에서 균형발전을 고민한 대표적 사례이다. 이후 윤석열 대통령에 이르기까지 역대 모든 국가지도자의 관심사는 균형발전이었다. 균형발전은 불균형한 지역에 대한 정부의 차등 지원을 전제로 하는 개념이다. 이 때문에 지방자치단체 간 갈등은 늘 논란이었다.

한편 균형발전과 함께 논의되는 지방분권은 1991년 지방자치제 부활 이후 본격적으로 대두된 지역 정책이다. 민선 자치단체장들은 중앙정부를 상대로 제대로 된 지역 정책을 펴기 위해서는 실질적인 자치권을 행사할 수 있어야 한다며 지방분권 강화를 요구해 오고 있다.

하지만 중앙정부는 지역이기주의나 지방의 자치 역량 부족 등을 강조하며 분권에 소극적이다. 노무현 대통령처럼 자치분권을 국정의 핵심과제 중 하나로 제시한 경우도 있었으나 분권은 지방의 가치이지 중앙의 가치가 아니었다고 할 수 있다.

▎지방분권의 약진

지방분권은 2022년에 새로운 시대를 열었다. 1988년 지방자치법 전면 개정 이후 32년 만에 지방자치법을 완전히 뜯어고쳤다. 당시 지방자치법 개정으로 지자체와 의회의 권한이 강화되고 주민자치 참여권은 확대됐다. 지역 주민들이 지방의회에 직접 조례 제정과 개정을 요구할 수 있는 주민조례발안제도 마련됐다. 주민감사 청구권 행사 기준 또한 완화됐다. 감사를 청구할 수 있는 주민의 나이를 만 19세에서 18세로 낮추고 감사에 필요한 청구인수도 각 자치단체별로 낮춰 주민 주권이 강화됐다.

지방자치단체의 권한과 기능도 강화됐다. 2개 이상의 지방자치단체가 공동으로 특정한 목적을 위하여 광역적으로 사무를 처리할 필요가 있을 때 특별지방자치단체를 설치해 운영할 수 있게 되었다. 중앙과 지방 간 사무 배분에 대한 원칙이 마련됐고 조례의 독립성을 보장하기 위한 자치입법권 보장도 강화했다. 중앙지방협력회의라는 중앙과 지방 간 협력을 위한 상설기구도 마련됐다.

이러한 지방자치법 전면 개정과 직접적인 관계는 없으나 각 지역의 특성화와 균형발전을 위한 특별법 제정도 잇따라 분권의 흐름은 더 거세지고 있다. 2006년 제주특별자치도, 2012년 세종특별자치시 그리고 2024년 강원특별자치도와 전북특별자치도가 출범하는 등 자치분권은 꾸준히 진화하고 있다.

▌그러나 분권의 한계는 여전해

지방자치법의 전면 개정으로 자치분권은 강화됐다. 하지만 대통령중심제 국가가 갖는 구조적 한계는 여전하다. 지방분권은 대통령의 권한을 줄이는 일이기에 대통령중심제 국가에서는 구조적으로 제한적일 수밖에 없다. 헌법과 지방자치법의 '지방자치단체'를 '지방정부'로 바꾸고 연방제로 간다면 지방분권은 확대될 것이다. 하지만 이는 현실적으로 쉽지 않아 보인다.

우리는 '지방정부'라는 표현을 쉽게 입에 올리나, 앞서 지적한 대로 지방자치단체는 법적으로는 정부가 아닌 '자치단체'일 뿐이다. 특히 지방분권의 핵심이라고 할 수 있는 입법권과 재정권이 정부의 통제 아래 있다. 자치입법권은 법령의 범위 내에서

만 제한적으로 허용되고 있으며, 재정권 역시 중앙정부의 지침에 따라 제한받고 있다. 이러한 제도적 한계를 극복하고 실질적인 지방분권을 실현하려면 개헌이 필요한 사항이다.

정리하자면 30년 전 민선 지자체 출범 초기와 비교하면 지방분권은 많은 진전을 이루었지만, 여전히 가야 할 길이 멀다. 진정한 지방분권의 실현을 위해서는 법적 지위 격상, 자치권의 실질적 보장 그리고 중앙정부와 지방정부 간의 새로운 협력 관계 설정이 중요하다. 이는 단순한 제도 개선을 넘어, 국가 운영의 패러다임 전환을 요구하는 일이다.

이처럼 대통령중심제 국가의 통치 구조상 지방분권에는 한계가 있다. 그런데도 지자체는 끊임없이 지방분권의 당위성을 강조한다. 지방분권은 자치입법권, 자치행정권, 자치조직권, 자치재정권으로 구성된다. 여기에는 다음과 같은 현실적 제약이 있다.

• 자치입법권

헌법은 자치입법권의 한계를 분명히 하고 있다. 지자체는 주민의 복리에 관한 사무를 처리하고 재산을 관리하며 법령의 범위 안에서 자치에 관한 규정을 제정할 수 있다. 말하자면 지방자치의 본질적 요소인 자치입법권은 법령의 범위 안에서만 허용되면서 실질적인 자율권 행사에는 한계가 있다. 2022년 지방자치법 전면 개정으로 법령에서 조례로 정하도록 위임한 사항에 대해 하위법령에서 위임의 내용과 범위를 제한하거나 직접 규정하지 못하도록 하여 지방자치단체의 자치입법권을 강화하고 있다. 하지만 법령을 넘어서는 것은 여전히 불가능하다.

• 자치행정권

자치행정권은 지자체가 스스로 처리할 수 있는 사무의 범위를 말한다. 역대 정부마다 각종 지방이양이나 분권을 위한 위원회를 운영하며 지방사무 범위를 넓혀 왔다. 그러나 여전히 정부위임 사무가 많아 자치행정권 행사에 제약이 따른다.

• 자치조직권

자치조직권도 마찬가지다. 지자체가 자율적으로 행정 조직을 구성할 수 있는 권한이 자치조직권이다. 이 조직권은 중앙정부인 행정안전부에서 통제한다. 하지만 자치행정권과 조직권은 강원, 전북특별자치도 출범이나 부산경남 행정통합, 대구경북 행정통합 등 잇따른 행정통합을 계기로 앞으로 더 확대될 것으로 보인다.

• 자치재정권

끝으로 자치재정권은 과세자주권이 관건이다. 그런데 조세법률주의에 따라 세목 신설이 제한되고 있다. 자치제 시행으로 당초 8대 2 수준이던 국세와 지방세 비율이 7대 3 수준에서 낮아졌으나 중앙정부 의존도는 여전히 높다. 지자체 총수입에서 자체 수입(지방세+세외수입) 비중인 재정자립도는 2022년 현재 40%에 불과하다. 역대 최고를 기록한 2017년 53.7%에서 계속 하락한 결과이다. 의존 재원(지방교부세+국고보조금) 증가율 때문이다. 정부로부터 지역 살림에 필요한 돈을 받아 사용하는 한, 재정 분권은 불가능하다.

세출도 정부의 예산 편성 지침을 준수해야 해서 자율성과는 거리가 멀다. 국고보조사업이 많아지면서 지자체의 지출 부담도 늘어나 세출의 자율성은 매우 제한적이다.

결론적으로, 지방분권은 지자체 시행 이후 많은 진전을 보이고 있으나 실질적인 자율권 확보를 위해서는 중앙정부와의 관계 재정립과 법적, 제도적 제약의 완화가 필수적이다. 이는 지방자치의 본질을 실현하기 위한 핵심과제다.

▌재정 분권과 균형발전의 딜레마

특히 재정 분권 강화는 지자체 자율성 제고의 핵심 수단이다. 하지만 비수도권의 열악한 재정 여건을 생각하면 그 의도와 달리 수도권과 비수도권 간 불균형 문제를 더 키울 수 있는 양면성을 지니고 있다.

지방세는 주로 소득, 소비, 부동산 거래 등 경제 활동에 기반한 세금이다. 경제 활동은 비수도권보다 수도권이 더 활발하다. 이 때문에 지방분권, 특히 재정 분권으로 수도권과 비수도권 간 격차는 더 심해질 수 있다. 지역 간 재정 격차 문제가 해결되지 않은 상황에서 분권을 추진하는 것은 지역 간 경제적 불평등을 심화시킬 뿐만 아니라 사회적인 불평등을 초래할 수 있다. 농산어촌지역이나 소멸 위기에 처한 지역은 그 소멸 속도가 더 가속화될 것인 만큼 균형발전 정책이 중요하다. 획일적인 재정 분권 강화가 아닌 지역 간 재정 격차를 감안한 차등적 재정 분권으로 지역 간 불균형을 해소하는 방안을 마련해야 한다.

수도권 쏠림현상이 심한 실정에서 비수도권 주민의 삶의 질을 개선하려면 균형발전이 필수적이다. 이를 위해 지방분권이 전제돼야 한다. 하지만 이는 단순한 권한 이양이 아닌 지역 특성과 현실을 고려한 맞춤형 분권이어야 한다. 물론 균형발전은 지방분권이 없어도 가능하다. 중요한 것은 대통령의 분권과 균형발전에 대한 강한 의지와 실천력이다. 대통령이 균형발전의 주체가 되던, 지방이 그 역할을 하던 주민 입장에서는 아무런 문제가 되지 않는다. 우리는 지금까지 국가 주도의 균형발전을 추구했다. 하지만 기대만큼의 효과를 거두지 못했다. 이제는 지방분권을 해서 지역 사정을 잘 아는 민선 단체장의 관리 아래 지역맞춤형 균형발전을 추진하는 것을 적극 추진할 때가 됐다.

지방분권과 균형발전 정책은 지역 정책의 양대축이다. 분권과 균형발전은 상호보완성과 동시에 충돌성을 갖고 있으나 잘 융합하면 시너지 효과를 창출할 수 있다. 지방분권을 강화하면서 균형발전을 도모할 수 있는 중앙과 지방 간 협력 모델을 마련해야 한다. 대통령과 전국 시도 단체장이 분기마다 참여하는 중앙지방협력회의가 그 역할을 수행할 수 있다. 분기 개최를 격월 개최로 늘리는 등 실질적인 분권과 균형발전을 논의하여야 한다. 이러한 중앙과 지방 간 긴밀한 협의를 통해 지역 간 격차를 고려한 차등적인 재정 분권도 추진할 수 있을 것이다.

앞으로는 분권에 기반한 균형발전 정책을 추진해야 한다. 1995년 민선 단체장 체제가 출범한 이래로 약 30년의 자치 경험이 축적된 상태다. 지자체의 자치 역량이 개선된 만큼 균형발전과 지방분권 간 갈등 요소를 조화롭게 결합하여 지방분권형 균형발전을 추진해야 한다. 그래야 실질적인 균형발전이 가능할 것이다. 물론 접경지역 등 낙후지역은 분권만으로는 발전을 기대하기 어려울 것이다. 이런 지역은 지자체가 주도적으로 지역 특성에 맞는 발전 전략을 수립하고 실행하되, 정부가 조정자 역할을 할 수 있을 것이다.

5.2 5대 균형발전 실천방안

지금까지 균형발전을 위한 '헌법 정신 실천', '저출산시대에 맞는 균형발전 전략 수립' 그리고 '서울 중심의 수직적 사고방식에서 벗어나기', '지방분권'을 지속가능한 균형발전을 위한 4대 전제조건으로 설명했다. 여기서는 이러한 전제조건을 토대로 구체적인 균형발전 실천방안들을 살펴보겠다.

대통령의 확고부동한 균형발전 리더십

우리말에는 '말은 제주로, 사람은 한양으로'라는 조선시대 속담이 있다. 말을 키우는데에는 제주도가 제일 좋고, 사람은 서울에서 살아야 출세할 수 있다는 당시 사회의 정서를 담은 말이다. 결국 지방은 언젠가는 떠나야 할 곳이라는 저주의 구호인 셈이다.

그렇다면 왕조시대가 아닌 자유민주주의시대인 지금은 어떤 가. 서울을 중심으로 한 수도권에 온갖 자원과 기회가 집중되면 서 '말도, 사람도 서울로!'로 바꿔도 무방할 정도다. 이렇게 된 근본적인 배경은 역대 정부들이 주장한 균형발전이 성과를 내 지 못했기 때문이다.

역대 균형발전 정책이 왜 실패했는지 다시 한번 살펴보자.

수도권 정책에 대한 평가부터 보자. 박정희 대통령이 국토연 구원을 만들면서 내세운 게 수도권 인구 30% 상한이었다. 경제 개발5개년계획을 수립하고 경제개발에 모든 인적, 물적 자원을 쏟아 부은 결과, 일자리가 있는 서울로 사람이 몰리면서 인구 쏠림의 부작용을 우려한 혜안이었다. 국토 균형발전을 위한 수 도 이전도 구상하고 국토의 계획적인 관리를 위한 국토연구원 도 만들었다. '우리도 한번 잘 살아보세'하며 피, 땀, 눈물을 쏟 아 부은 결과, '한강의 기적'을 이뤄냈다. 이는 이후 우리나라가 세계 10대 경제대국의 반열에 올라서는 토대가 됐다.

하지만 권위적이고 비민주적인 국정운영은 비극적 사태로 이어졌다. 이후 88서울올림픽을 거치며 서울로의 집중은 더 심 화되었고, 산업화시대가 막을 내리고 김영삼, 김대중으로 상징 되는 민주화시대가 열리면서 지방자치단체장과 교육감 선거 등 민주성은 강화되었으나 국토의 불균형발전은 속도를 내기 시작했다.

5장 미래 균형발전의 4대 전제조건과 5대 실천방안

중앙정부 권한의 지방 이양 등 분권 강화 조치가 있었으나 '돈 주머니'는 여전히 정부가 쥐고 있었다. 이후 수도권 정비법 등 수도권 집중화를 통제하는 규제 정책으로 지역의 균형발전에 나섰지만 국토 불균형 현상은 막지 못했다.

19대 대통령 선거를 앞두고 이런 흐름에 불만을 가진 비수도권 민심을 알아챈 유력 정치인들은 너나 할 것 없이 수도 이전을 공약으로 내세웠고 노무현 당시 대선후보 또한 마찬가지였다. 당선 이후 국회의 압도적 지지로 신행정수도건설특별법이 통과됐으나 헌법재판소에서 2004년 위헌결정을 내리면서 폐기됐다. 미국의 수도인 워싱턴DC 같은 우리나라의 행정수도 구상은 수포로 돌아간 것이다. 대신 세종시는 국무총리비서실, 기획재정부, 교육부 등 23개 중앙부처와 공공기관들이 옮긴 행정중심복합도시로 변신했다. 이 과정에서 지역별 특성과 시너지 효과를 고려하지 않은 채 지자체 중심의 공공기관 이전으로 행정의 효율성만 떨어뜨리는 결과를 초래했다.

이런 부작용에 대한 반면교사로 이명박 정부 시절에는 광역단위 지역 개발에 역점을 뒀으나 실제로는 수도권 규제 완화로 서울 집중 현상을 심화시켰다. 박근혜 정부 시절에는 뚜렷한 균형발전 정책이 없었고 문재인 정부는 노무현 정부의 균형발전 취지를 살리기 위해 2차 공공기관 이전을 시도했으나 정치적 역량 부족으로 뚜렷한 성과를 거두지 못했다.

▎정권 교체로 인한 정책 일관성 부족

정리하자면 우리나라 국토 균형발전의 정책 흐름은 박정희 때의 선제적 수도 이전 구상과 노무현 시절 세종청사 이전 외에는 대통령들의 균형발전 정책이 '갈지자' 횡보를 보이면서 결과적으로 수도권 집중화를 초래했다. 역대 정부마다 지역 균형발전 정책은 중요한 국정과제였으나 이념 지향점에 따라 재집권 시에는 전 정부 정책을 승계하고, 정권 교체기에는 새로운 정책을 도입하면서 일관성있는 정책을 추진하지 못했음을 알 수 있다. 여기에다 올림픽 개최(1988년), 외환위기(1998년), 금융위기(2008년) 등 대내외적 상황변화에 따라 정책 방향이 바뀌면서 결과적으로 수도권 집중 현상이 심화되어 왔다.

수도권 집중 현상에는 5년 단위의 정권 교체 변수에 따른 정책의 일관성 부족 외에도 지리적 요인도 작동한다.

우리나라는 국토가 좁다. 국토가 광활한 미국이나 중국처럼 정치, 행정과 경제, 금융을 공간적으로 분산시키는 것보다 한 곳에 모아 집적 효과를 내는 것이 유리할 수도 있다. 수도권에 정치, 경제, 문화, 행정 기능이 집중돼 경제적 효율성이 높아진다는 것이다. 이러한 수도권의 집적 효과는 비수도권의 발전에도 도움을 주는 낙수 효과를 기대할 수 있다. 하지만 현실에서는 수도권 집중화라는 부작용만 더 심해지고 있다. 집적의 이익은 수도권이 누리지만, 이로 인한 비용은 온 국민이 나누어 지불하는 구조다.

국토 공간에 대한 이해와 역대 정부의 균형발전 정책의 문제점을 이해한다면 새로운 발상이 필요하다.

무엇보다 역대 대통령의 전철을 밟지 않으려면 대통령의 균형발전에 대한 확고한 신념이 필요하다. 대통령중심제 국가에서 대통령이 지역 균형발전에 대한 의지가 없다면 균형발전은 불가능하다. 노무현 정부 시절에는 지방분권과 균형발전을 강조했다. 첫술에 배부를 순 없었지만 우리 지역도 잘 살아볼 수 있다는 희망이 있었다. 하지만 이명박 정부가 들어서며 수도권 규제 완화로 국정운영 기조가 바뀌면서 이런 기대감은 무너지게 됐고 균형발전 또한 뒷걸음질을 쳤다. 대통령중심제 국가에서 대통령의 국정운영 방향과 의지가 그만큼 중요한 것이다.

▌역대 정부의 교훈 새겨야 균형발전 가능

윤석열 정부도 '살기 좋은 지방시대'를 추구한다. 하지만 구두선에 그칠 가능성이 높아 보인다. 역대 정부의 전철을 밟을 가능성이 농후해서다. 역대 정부는 거의 모두 수도권 인구와 산업의 집중 해소를 위해 수도권에 대한 각종 규제 정책을 펼쳤지만 실패했다.

윤석열 정부도 수도권 주거난과 교통난 해소를 촉구하는 여론에 GTX노선을 연장하고 아파트 공급 대책을 발표하는 등 수도권 민심에 부응하려 하고 있다. 반도체 인재 육성을 위한 수도권 대학의 정원 확대와 수도권 공장 신증설도 마찬가지다. 하지만 이렇게 해서는 기존의 시행착오를 되풀이하는 일이 될 수밖에 없다. 역대 정부의 실패에서 교훈을 얻지 못한다면 살기 좋은 지방시대를 열기는커녕 오히려 '지방 소멸시대'를 앞당길 것이다.

윤석열 대통령이 강조한 '전국 어디서나 살기 좋은 지방시대'를 구현하려면 두 가지 핵심과제를 실천에 옮겨야 한다. 재정분권 확대와 헌법에 규정된 지방자치단체를 지방정부로 법적 지위를 격상시키는 개헌이다. 재정분권 확대는 지방분권의 핵심으로 대통령이 7대 3인 국세와 지방세 비중을 임기 내 6대 4로 전환시키겠다는 기자회견이라도 해야 한다. 헌법에 규정된 지방자치단체를 지방정부로 바꾸며 지방정부의 독립성을 명문화하는 분권형 개헌 제안도 마찬가지다. 개헌 필요성과 그 방향에 대한 논의는 국회에서 하겠지만 대통령이 지방분권의 개헌 필요성을 명쾌하게 밝히는 것만으로도 국민들은 지역 불균형발전 문제를 해소할 권력 구조 개편안이라며 크게 호응할 것이다.

대통령의 균형발전에 대한 강력한 리더십 못지않게 여야 정치인의 인식도 중요하다. 아무리 좋은 정책이라도 국회에서 입법으로 뒷받침하지 않으면 무용지물이다. 여야를 떠나 정치권이 지방소멸을 막을 제대로 된 균형발전 방안을 마련해야 한다.

역대 정치권은 지방 문제에 등한시했다. 지방분권에 대한 의지가 강했던 문재인 정부는 집권 당시 국세와 지방세 비율을 7대 3에서 6대 4로 개선하겠다고 발표했지만 이루어지지 않았다. 그리고선 지난 총선에서 지방 재정 확대나 권한 이양 등 분권을 강화하겠다고 하니 역시 정치인은 얼굴이 두꺼워야 하는 모양이다.

2024년 6월 18일 출범한 제2기 국회지역균형발전포럼은 저출생·지역격차·지방분권·균형발전을 종합적으로 다루는 초당적 정책 협력 기구다. 여야 의원 40명, 중앙부처 장관, 4대 지방협의회 회장 등이 참여한다. 22대 국회에서 여야가 함께 참여하는 기구로는 최대 규모라 할 수 있다. 단순히 규모만 큰 게 아니다. 4명의 공동대표를 여야 각 2명의 의원이 나눠 맡는 등 지난 총선 결과와는 상관없이 포럼 운영에 여야 균형을 최대한 맞췄다. 초당적 연구모임이라면 회원들이 일치단결해서 지역 균형 발전을 위해 한 목소리를 내야 한다. 하지만 21대 국회 시절 1기 포럼에서도 초당적 협력을 다짐했으나 구두선에 그쳤기에 큰 기대는 하기 어렵다.

▌균형발전이 민생과 경제 살리기

대통령을 비롯한 정치 지도자들은 균형발전 그 자체가 민생과 경제 살리기임을 인식해야 한다. 더 이상 수도권 집중과 비수도권 소멸 상태의 문제점을 외면하면 지역소멸이 아니라 국가소멸로 이어질 수 있다.

윤석열 대통령이 "축구장 구석구석을 잘 써야 한다."고 한 건 수도권 중심의 발전 한계를 인식한 것이다. 그리고 대한민국이라는 축구장을 골고루 잘 쓰려면 효율성이라는 경제적 잣대로 수도권에서만 경제적 과실이라는 공을 주고받는 게 아니라 영호남, 강원 등 비수도권 지역을 골고루 잘 활용해야 한다. 균형 발전 정책을 시대나 상황에 따라 특정 지역 중심으로 추진하거나 일회성 정책으로 추진해서는 비효율만 키우는 일이 될 것이다.

10년 이상 지속가능한 상생형 방안 추진

균형발전 정책처럼 불가론과 무용론이 제기되는 정책일수록 일관성있고 지속가능한 정책 설계가 중요하다. 정권이 바뀌거나 국회의 여야 지형도가 바뀔 때마다 바뀌는 균형발전 정책은 단기적 정책 수요 변화에는 부응할지 모르나 국가의 중장기적 발전 전략으로는 바람직하지 않다.

앞서 소개한 헌법에서 규정한 지역 균형발전을 범부처 차원에서 통합적, 체계적으로 추진하기위해 만든 특별법이 참여정부 시절에 제정한 국가균형발전특별법(국가균형발전법)이다. 그 전에는 각 중앙부처에서 수도권 과밀 해소, 산업단지 개발 등에 초점을 두고 산발적으로 균형발전 정책이 추진돼 정책 연계나 통합적 조정이 이뤄지지 못했다.[168]

국가균형발전특별법[169]은 2004년 1월 16일 제정됐다. 국가균형발전특별법은 국가균형발전5개년계획을 세우도록 하고 있다. 이 법을 제정한 목적은 '지역 간 불균형 해소와 지역 혁신 및 특성에 맞는 발전을 통한 자립형 지방화를 촉진하여 전국이 개성 있게 골고루 잘 사는 사회 건설에 이바지함'이었다. 이후 2009년(이명박 정부), 2014년(박근혜 정부), 2018년(문재인 정부) 전면 개정을 포함해 47차례에 걸쳐 수정되었고, 2023년 6월 윤석열 정부에서 지방자치분권 및 지역균형발전특별법을 만들면서 이 법은 폐지됐다.

정부별 균형발전 입법 목적을 담은 정의 조항을 살펴보면 진보 정부인 참여정부와 문재인 정부는 지역 간 불균형 해소와 지역 특성에 맞는 균형발전을 강조하고 있다. 보수 정부(이명박, 박근혜 정부)에서는 지역 간 연계 및 협력을 통한 지역 경쟁력 강화를 중시함을 알 수 있다. 윤석열 정부에서 기존의 지방자치분권 및 지방행정체제 개편에 관한 특별법과 국가균형발전법을 통합해 만든 현행 지방자치분권 및 지역균형발전특별법에서는 지역 균형발전을 지역 간 발전 격차를 줄이고 지역의 자립적 발전 역량을 증진함으로써 삶의 질을 향상하고 지속가능한 발전을 도모하여 전국이 개성 있게 골고루 잘 사는 사회를 구현하는 것으로 정의하고 있다.

법은 영원불변한 것이 아니다. 국정운영 방향이나 대내외적 여건 변화 등 정책 환경 변화에 따라 고치는 게 정상적이다. 하지만 이로 인해 국책 사업이 오락가락하는 것은 국력 낭비가 아닐 수 없다.

송우경(2018)은 국가균형발전법을 역대 정부에서 5년 단위로 전면 개정하면서 생긴 문제점을 날카롭게 지적한다. 참여정부에서는 법을 만들면서 균형발전 정책의 목표 및 대상 지역을 구체화하는 데 미흡했고, 중앙과 지방 간의 수직적 관계가 개선되지 않음으로써 실질적인 지역 역량 강화에 한계가 있었다고 지적하고 있다. 이명박 정부의 경우, 수도권 규제 완화로 인한 지역 간 불균형 심화, 중앙 주도의 광역경제권 정책 추진, 부처 및 지역 간 연계협력 부진 등의 문제점을 드러냈다고 지적한다.[170]

송우경이 지역 균형발전 분야 전문가들을 대상으로 실시한 설문조사에서도 이러한 법 개정을 우려하는 반응이 대부분이었다. 설문조사 결과, 지역 균형발전 정책의 연속성 확보가 '매우 필요하다'는 반응이 10점 만점에 8.5점으로 나왔다. 송우경은 정권 교체에 따른 국토균형발전특법법 개정으로 연속성 없이 폐기된 지역 균형발전 정책의 예시로 참여정부의 지역 혁신 체계 구축과 신활력사업, 이명박 정부의 5+2 광역경제권 육성과 초광역개발권 기본 구상 그리고 박근혜 정부의 지역생활권 연계협력 사업 등을 들고 있다.

행정수도 이전을 둘러싼 논란 끝에 어렵게 추진한 혁신도시 사업을 이명박 정부에서 번복하려는 움직임에 전국 기초지방자치단체에서는 강력 반발했다. 아래 인터뷰 내용을 보면 당시의 비수도권 지역의 기류를 생생하게 알 수 있다.

국토균형발전정책은 박정희 전 대통령 때부터 유지돼 온 국가 정책 기조입니다. 수도권 과밀화와 지역의 낙후 문제를 해결하기 위해 고민하다 참여정부 때 국민적 합의를 거쳐 혁신도시 건설 계획이 추진된 것입니다. 일부 측면만 부각시켜 비효율 운운하는 것이야말로 비생산적이고 비효율적인 행위입니다. 노무현 대통령이 시작한 사업이지만 국토균형발전 방안과 관련한 40여 년의 고민과 토론 끝에 여야 합의로 이뤄진 것인 만큼 정권이 바뀌었다고 해서 뒤집을 수 있는 게 아닙니다. 혁신도시가 반쪽짜리 '유령도시'가 될 것이라고 하는데 오히려 축소하거나 백지화할 경우 지방 전체가 '유령도시'가 될 판입니다. 문제가 있다면 공론화해 보완책을 찾으면 됩니다. 난데없이 국책사업의 틀을 뒤바꾸는 일이 있어서는 안 됩니다. 지방자치단체도 시장·군수가 바뀌었다고 전임자의 정책을 뒤바꾸지 않습니다. 참여정부 때는 가만있다가 정권이 바뀌자 문제점만 집중 부각시키는 일부 부처의 행태는 이해하기 어렵습니다. 그들이 정말 나라를 위해 고민하고 그런 주장을 하는 것인지 알 수 없어요.

이는 전국 10개 혁신도시 건설지의 14개 기초자치단체로 이뤄진 전국혁신도시지구협의회장인 박보생 경북 김천시장이 2008년 4월 20일 국토해양부를 찾자 정부에서 혁신도시 재검토 방침을 흘렸다가 다시 보완하려고 말을 바꾸면서도 확실한 실천 의지를 공개적으로 밝히지 않는 것을 지적하며 한 말이다.

이명박 정부 시절, 'Anything but Rho'라는 신조어가 있었다. 이명박 정부가 전임 노무현 정부의 정책이라면 무조건 반대하려 한다는 점을 꼬집은 표현이다. 거칠게 말해 참여정부가 비수도권 중심의 균형발전을 추구했다면, 이명박 정부는 수도권 중심의 효율성 강화에 역점을 뒀다.

이런 국정 기조에서 전 정부에서 특별법까지 마련하며 추진하려던 공공기관의 지방 이전 작업이 제대로 될 리가 없었다. 필자가 비수도권의 혁신도시에서 만나본 공공기관 종사자들이 평가하는 혁신도시 사업의 성과를 종합하면 절반의 성공과 실패였다.

공공기관들이 전국의 지방혁신도시로 옮긴 지 10년이 넘으면서 지방 인구도 일정 정도 증가하는 등 긍정적 측면이 있으나 여전히 서울생활을 그리워하는 사람들도 많다고 귀띔했다. 특히 수도권과 가까운 충북혁신도시로 이전한 13개 공공기관협의회는 상경을 원하는 직원들을 위해 단체로 서울행 정기 버스편을 운행할 정도다. 충북 진천의 혁신도시로 가족과 함께 이주한 어느 공공기관 종사자는 주말에 초등학교 아이를 데리고 수영장에 가면 다들 자신들만 쳐다본다며 지역소멸 현상을 우려하기도 했다.

혁신도시의 완성은 일자리를 창출하는 민간 기업의 종사자들의 지역 정주에 있다. 이를 위해 참여정부는 물론 이명박 정부에서도 노력했으나 실패했다. 정부 관리 하에 있는 공공기관과 달리 민간 기업의 강제 이전은 불가능하다. 이전에 따른 세금 감면 등 각종 획기적인 재정적 지원책을 제공해야 하는데 정권이 바뀌면서 적극적이지 않았다. 그러다 보니 수도권 분산은 이루어지지 못했다. 다니고 싶은, 좋은 경제적 보상을 받을 수 있는 기업들은 여전히 수도권에 있으니 청년들이 수도권으로만 몰리며 지방은 위기에 처한 것이다.

'전국 어디서나 살기 좋은 지방시대'라는 윤석열 대통령의 국정과제는 '우리도 한번 잘 살아보세'라는 60년 전 박정희 대통령의 신념과 맥락을 같이 한다. 국부 창출에 매진한 박정희 대통령이 수도권 과밀화를 예상하고 국토 균형발전 계획을 수립한 이후 60년이 지났건만 수도권 과밀화와 지방의 낙후화는 아직도 해결되지 않은 문제다. 이쯤되면 균형발전 정책은 국민을 기망한 허구의 정책이었다고 비판해도 무방할 정도다.

하지만 비판하고 낙담만 하고 있을 여유는 없다. 이런 상태를 방치하면 우리나라는 수도권에만 사람이 모이는 나라로 변할 것이다. 이는 비수도권뿐만 아니라 수도권 주민에게도 불행한 일이다.

아직 기회는 있다. 우리에게는 60년 넘게 시행착오를 반복해 온 풍부한 경험 자산이 있다.

필자는 역대 정부의 균형발전 정책의 과오를 반복하지 않으려면 최소 10년 이상 변함없이 추진할 균형발전 전략부터 마련해야 한다고 본다. 10년이라는 기간은 기존의 국토균형발전특별법이 정권 교체기마다 5년 단위로 전면 개정되면서 제대로된 성과를 거두지 못했다는 데 착안한 것이다. 게다가 이 5년 계획마저도 정권이 교체되면 마지막 5년차는 흐지부지되면서 실제로는 4년짜리 계획에 그치고 마는 게 현실이다.

국가의 균형발전을 위한 법을 정권이 바뀔 때마다 뜯어고치는 건 정책의 일관성이나 효과성 측면에서 문제가 있다. 한 나라의 중장기적 국가 발전 전략이 없음을 드러내는 것이나 마찬가지다. 장기간에 걸쳐 서서히 나타날 정책의 효과성을 떨어뜨리는 요인이 아닐 수 없다.

박정희 대통령 이후 수십 년 넘게 균형발전을 고민한 나라다. 참여정부는 지역 불균형 해소를 국정과제로 삼았다. 이후 정부에서도 관심을 기울였지만 국정운영의 방향이 바뀌면서 지역 불균형 문제를 풀지 못하고 있다. 그만큼 난제라는 뜻이다. 최소한 5년 임기의 대통령 두 명이 바뀔 때까지만이라도 변함없이 추진할 전략을 세워 불균형 해소에 나서야 한다.

노무현 정부 시절 대통령 직속 국가균형발전위원회의 성경륭 위원장은 "지방이 자립적인 성장 역량을 갖추는 데는 최소 10년이 걸릴 것으로 본다."고 내다봤다.[171]

암처럼 치유하기 어려운 질병에 걸린 사람을 건강한 상태로 돌리려면 약 복용과 주사는 물론이고 본인의 강인한 투병 의지와 주변의 도움 등 상당한 노력이 필요하다.

수도권과 비수도권의 격차 해소도 마찬가지다. 앞서 설명했듯이 균형발전이라는 가치는 효율성과 경제성 판단만으로는 풀 수 없는 고차원 방정식이다. 국가가 불균형 문제를 풀려면 불균형 상태로 빠진 기간 이상만큼의 시간과 노력을 쏟아 부어야 한다.

10년을 계획 주기로 한 균형발전 정책을 세울 때 비수도권과 수도권이 상생할 균형발전 전략을 세워야 한다. 필요한 것은 수도권과 비수도권 간 제로섬 게임이 아닌 서로 윈윈할 수 있는 균형발전 전략이다.

역대 모든 정부에서 어떤 형태로든 수도권을 규제해 왔다. 수도권과 비수도권 간 격차가 너무나 심했기 때문이다. 정부는 인적, 물적 자원이 몰려 있는 수도권을 경제 성장의 원동력으로 삼아 집적의 이익을 최대화한 뒤, 그 과실을 비수도권으로 나눠 줄 수 있다고 생각했다. 하지만 이른바 수도권 낙수 효과는 미미했다.

이러다보니 수도권, 비수도권 모두 불만을 토로한다. 수도권은 정부 규제가 불만이다. 균형발전 무용론을 편다고 볼 수 있다. 인적, 물적 자원이 풍부한 수도권의 발전을 억제하고 발전할 가능성이 희박한 비수도권 지역에 투자하는 것은 수도권의 성장 동력을 막는 일이자 국가경쟁력도 떨어뜨리는 일이라는 불만이었다.

비수도권 지역은 수도권 중심의 발전이 비수도권으로 확산되는 효과가 거의 없다고 아우성을 친다. 2008년 5월 28일 서울 프레스센터 국제회의장에서 열린 '혁신도시 어떻게 할 것인가'라는 토론회에서 당시 국가균형발전위원장 이민원 광주대 교수는 기조강연을 통해 "수도권에 집중 투자해 결과물을 지방에 분배하자는 주장은 어불성설"이라며 "수도권 생산성이 지방에 비해 높지 않을 뿐 아니라 타 지역 의존도가 낮은 수도권 산업에 대한 투자는 결코 지방에 파급되지 않는다."며 지방분권적 행정의 필요성을 역설했다. 대구, 광주, 부산, 전주, 대전 등 각 지역의 균형발전을 통해 나라의 저변을 확대하는 발상의 전환을 주문한 것이다.

▮수도권 규제는 수도권에도 이익

낙수 효과의 실현 유무와 관계없이 수도권 규제는 수도권에도 이익이다. 수도권 규제를 통한 과밀 해소는 집값 완화, 교통비 저감, 스트레스 저하 등 수도권 거주 시민의 삶의 질을 제고하는 기회가 될 것이다. 지금까지 그랬듯 사람이 몰린다는 이유로 교통망을 확충하고 주택을 신증축하는 방식만으로는 수도권 집중 문제를 풀 수 없다.

이런 현장불만해소형 정책은 수도권 시민들에게 도움이 되는 것으로 보일 수 있다. 하지만 이러한 인프라 확대는 또 다른 비수도권 시민의 유입을 불러오고 이는 다시 수도권의 주택난과 교통난, 환경오염 심화 등 각종 사회 문제를 일으키게 된다. 수도권 규제 완화가 오히려 수도권 시민의 이익을 해치고 삶의 질을 떨어뜨리는 것임을 인식해야 한다.

우리는 그동안 이런 정책을 60년 넘게 반복해 왔다. 수도권 규제로 혜택을 본 사람은 강남 3구의 부동산 부자 등 일부에 국한된다. 일부 계층만 혜택을 보는 정책을 언제까지 반복할 것인가.

인구 유입을 이유로 한 수도권 기반 투자 등 공공 부문의 투자는 통제해야 한다. 대신 그 재원으로 수도권과 비수도권 간의 소득격차 해소와 지역 일자리 창출에 나서야 한다. 비수도권의 도로 개선과 빈집 정비에 나서야 한다. 국토교통부는 수도권의 신규 택지 공급에는 높은 관심을 보이지만 비수도권의 빈집 정비에는 뒷전이다. 빈집은 지역소멸의 상징이다. 국토의 균형발전을 추구하는 부처라면 빈집 정비로 지역 활성화를 도모해야 한다. 이렇게 하면 침체에 빠진 지역 경제에 활기를 불어넣으면서 공동화 현상도 해소할 수 있을 것이다. 비수도권 주민으로서는 수도권을 기웃거리지 않고도 삶의 질을 개선할 수 있다. 이는 수도권에서 비수도권으로의 인구 유입을 유도하는 효과로도 이어지며 국부를 키우는 길이 될 수 있다.

물론 이런 효과는 단시일 내에 이뤄지지 않는다. 10년 이상의 꾸준한 정책 설계가 뒷받침돼야 한다. 60년을 수도권에 쏟아부었다. 10년 만이라도 꾸준히 비수도권 격차 해소에 진력해 보자.

공공기관이 즐비한 서울에서 공공기관 몇 개의 가치는 모래한 알이지만, 지방에서는 그 가치가 바윗덩어리다. 지금 지방에 주고자 하는 것은 지방에서 필요한 모든 것이 아니라 향후 필요한 것을 만들어낼 수 있는 가능성이다.[172]

추진 조직의 지속적 운영과 위상 강화도 필요하다. 지금처럼 정부가 바뀔 때마다 추진 조직이 바뀌어서는 지속가능한 발전을 장담하기 어렵다. 현재 지방자치분권 및 지역 균형발전의 기본 방향과 관련 정책 조정, 지방시대 종합 계획을 수립하는 기구는 대통령 직속 지방시대위원회다. 과거 국가균형발전위원회(노무현, 문재인 정부), 지역발전위원회(이명박, 박근혜 정부)가 전신이다. 지방시대위원회라는 명칭은 필요에 따라 바꾼다고 하더라도 지방시대가 안착하기 전까지는 제 기능을 다할 수 있도록 조직을 운영해야 한다. 당연한 일이지만 지방시대위원회는 정권 교체와 관계없이 최소 10년 이상 지속할 지역 균형발전 전략을 내놔야 한다.

주민 편익 중심의 행정통합

실효성 있는 균형발전 방안을 실천하려면 행정권 광역화가 필요하다.

행정권 광역화는 국가와 지자체 간의 권력 구조 문제에서 그 필요성을 설명할 수 있다.

우리나라는 미국 같은 대통령중심제 국가지만 연방제가 아닌 중앙집권적 체제를 가지고 있다. 그러면서도 지방자치제를 통해 일정 수준의 자치권을 부여하고 있다. 미국에 없는 교육자치도 하고 있다. 군사정부 시절 효율성 중심의 권위적이며 억압적인 통치체제에 대한 반성으로 자치제를 도입한 결과다. 비민주적인 중앙집권의 효율성이라는 가치보다 민주성의 가치를 소중히 생각한 결과다.

그러나 현재의 지방자치체계로는 저출산 고령화와 지방소멸 위기에 효과적으로 대응하기엔 한계가 있다. 정부에서 17개 시도 단체장과 각 부처 장관들이 참여하는 중앙지방행정협의회를 매분기마다 개최하며 지방시대 구현을 강조하고 있다. 대통령 직속기구인 지방시대위원회의 우동기 위원장이 분권형 정부로 가야 한다는 말까지 할 정도다. 하지만 지자체는 지방자치법상 자치단체에 불과하다. 정부의 실질적인 권한과 재원을 지방으로 대폭 넘기지 않고서는 지역 균형발전을 이루기 어렵다.

제대로 된 분권을 하려면 지방자치법의 자치단체 조항을 지방정부로 바꿔 실질적인 연방정부를 지향해야 한다. 하지만 미국의 한 개 주 만도 못 한 국토 면적과 1억 명도 안되는 국민 수를 감안하면 중앙집권제 국가에서 연방정부로의 변신은 불가능한 일이다.

이러한 상황에서 행정권 광역화는 지방의 자생력을 강화하고, 효율적인 자원 배분을 통해 지역 간 불균형을 해소할 실효성 있는 대안이 될 수 있다고 본다.

지역 균형발전의 주체가 되어야 할 지자체의 위상도 행정권 광역화의 필요성을 역설적으로 보여준다.

자치행정의 본질은 주민 삶의 질 제고에 있다. 하지만 제한적인 자치입법과 재정권 행사로 인해 그 본질과의 거리가 멀다. 단체장을 정당에서 정하는 공천 방식과 중앙정부의 영향력으로 인해 지자체의 독립성은 매우 제한적이다. 단체장들은 지역

발전에 필요한 예산과 인력의 배정을 위해 중앙정부와 국회를 상대로 노력해야 하는 실정이다. 형식은 자치이나 실제로는 중앙정부에 대한 의존도가 여전한 것이다.

▌행정권 광역화로 정부 협상력 강화

이러한 상황에서 행정권 광역화는 지자체의 규모와 영향력을 키워 중앙정부에 대한 협상력을 높이고, 지역의 자율성을 강화할 수 있는 방안이 될 수 있다.

이러한 권력 구조의 한계 외에 저출산으로 인한 행정 여건 변화도 행정권 광역화를 요구하고 있다.

저출산으로 행정수요는 줄고, 기술 발달로 행정의 효율성을 강화할 수 있는데도 행정체계를 종전처럼 읍면동, 시군구, 시도로 세분화한 상태로 운영하는 것은 예산과 인력의 낭비만 초래하는 일이다.

부산경남 행정통합이나 대구경북 행정통합은 이러한 행정체계의 비효율성을 개선하려는 행정 개혁이다. 관할 지역은 그대로이나 주민 수는 갈수록 줄어드는 상황이다. 이제 기초든 광역이든 현행 지자체 통폐합은 선택이 아닌 필수가 됐다.

자치행정도 인구 감소 추세에 걸맞게 효율적으로 운영해야 한다. 주민이 줄어들면 그에 따라 예산집행은 물론, 인력 등 조직 운영도 효율성을 제고하는 것이 맞다.

예를 들어 우리나라 국민이라면 수돗물을 차별 없이 제공받아야 한다. 그런데 전기요금과 달리 상수도요금은 도시나 농촌 등 지역 여건에 따라 제각각이다. 인구가 많은 서울특별시나 광역시는 인구가 적은 시군에 비해 수도요금이 저렴하다.

환경부에 따르면 지자체 규모별 평균 수도요금은 3㎥당 특별, 광역시는 672.9원이고 시는 776.9원, 군은 966.2원이다. 생산원가를 모두 반영한 것은 아니지만 지자체의 재정 여건이나 인구 규모에 따라 군 단위 지역에 사는 주민들이 특별시나 광역시 주민에 비해 비싼 수도요금을 내는 것이다. 2025년 4월부터 광역도도 수도사업자가 될 수 있다고 하니 도와 산하 기초지자체인 시와 군 간 협의를 해서 도에서 직접 운영하든 위탁운영을 하든 수도요금을 다른 지역의 주민들보다 비싸게 이용하는 불합리한 점은 개선되어야 할 것이다.

하수도, 쓰레기 처리 문제도 마찬가지다. 하수도, 쓰레기 처리는 상수도처럼 원인자 부담이 원칙인 공공서비스다. 그런데 지역을 이유로 이용요금이 다른 건 세금을 내는 국민에 대한 의무가 아니다. 공공서비스는 지역과 관계없이 모든 국민이 같은 수준으로 공급받아야 한다. 저출산 고령화시대, 서울에서 멀어질수록, 교통망이 열악할수록, 지역 주민이 줄수록 이러한 공공서비스의 유지비용은 올라갈 수밖에 없다. 이웃한 시군끼리 상하수도 운영이나 쓰레기 처리 문제에 힘을 합친다면 지역 간 갈등 해소는 물론 제각각 운영하면서 생기는 비용을 줄이는 효과를 거둘 수 있을 것이다.

이는 이웃한 지자체끼리 조금만 머리를 맞댄다면 해결할 수 있는 문제다. 행정통합을 한다면 주민의 행정 이용 부담은 줄이고 편익은 더 확대할 수 있을 것이다.

▌입으로는 균형발전, 손에 쥔 건 특권, 이중성 벗어나야

정부는 균형발전 계획을 세울 때 이러한 국가와 지자체 간 관계, 저출산 고령화와 정보통신시대라는 정책 환경을 냉철히 인식해야 한다. 이러한 인식 아래 정치인이라면 자신의 지역구나 소속 정당의 이해관계에만 매몰되는 협량한 정치를 하지 않도록 늘 자신을 경계해야 한다. 기득권은 손아귀에서 놓치않은 채 입으로만 균형발전을 외치는 이중성을 떨쳐내야 한다. 바라건대 이러한 관점을 토대로 수도권의 강점과 비수도권의 잠재력을 함께 키울 수 있는 균형발전 방안을 강구해야 한다.

필자는 지역 균형발전 방안의 하나로 행정권 광역화를 제언한다. 쉽게 말해 저출산과 고령화로 인한 인구 감소 상황에서 소멸 위기에 처한 지역 주민들이 국민으로서 동등한 기회를 누리려면 이웃 지역 간 통합이 필요하다. 이는 단순한 행정체계의 재편이 아닌 지역 자생력 강화를 위한 필수 과제이다.

▌행정권 광역화로 규모의 경제 달성 가능

구체적 이유는 다음과 같다.

우선 수도권 집중 상황에서 왜소한 지역 경제력으로는 규모의 경제를 달성할 수 없다. 수도권 폭식에 따른 지방소멸 상황에서 비수도권의 광역시도가 제각각 인프라 투자나 기업 유치 경쟁을 벌이는 것은 자원의 비효율적 낭비로 이어질 뿐이다. 이를 그대로 방치하는 것은 국가적으로도 자원배분의 효율성을 훼손하는 일이다. 최근 비수도권 광역지자체에서 불고 있는 행정통합 움직임은 이러한 필요성을 잘 보여준다. 대구, 경북의 행정통합 추진에 이어 부산과 경남 그리고 대전과 충남의 통합 선언은 광역 단위의 행정체제 개편으로 행정 낭비를 줄이고 소멸 위기를 극복하려 하는 것이다.

두 번째 이유는 앞서 언급한 저출산 고령화로 고조되는 소멸 위기를 해소하기 위해서도 행정권 광역화가 필수이기 때문이다. 비수도권은 지역 활성화의 핵심 요소인 인적 자원이 갈수록 수도권으로 빠져 나가는 상황이다. 이런 상태에서 저출생, 고령화 추세는 당분간 계속될 것이다. 세금을 내는 주민 수는 줄고 있는데 예전처럼 지방자치단체를 유지하는 것은 비효율적인 일이다. 부산의 경우 청년들이 다른 지역으로 빠지면서 '노인과 바다의 도시'나 실버도시로 바꾸는 것이 좋겠다는 냉소적인 목소리가 나오는 상황이다. 주민 수가 줄어든 마당에 기존 인구수를 기준으로 한 기존의 행정체제를 유지하는 건 낭비이자 지역 발전의 걸림돌일 뿐이다.

▎부울경 특별자치연합에서 행정통합으로 궤도수정

광역화를 가장 먼저 시도한 지역은 부산, 울산, 경남이다. 3개 지역의 단체장 직위는 그대로 둔 상태에서 교통, 환경, 보건, 재난대응 등에서 3개 지자체가 힘을 모아 특별자치연합을 만들어 시너지를 내자는 방안이었다. 느슨한 메가시티화라고 부를 수 있다. 하지만 특별자치연합청사의 소재지와 권한 배분 등에 대한 갈등에다 중앙정부의 행정 및 재정 권한 이양이 제대로 보장되지 않으면서 무산됐다. 결국 부산과 경남은 행정통합에 부정적인 울산을 제외하고 두 시도 간 통합으로 선회한 상태이다.

부산과 경남이 행정통합을 하게 되면 인구 670만 명에 지역 내총생산 240조 원으로 수도권 일극체제에 맞설 메가시티가 탄생하게 된다.

부산경남 행정통합과 별개로 부산, 울산, 경남의 경우, 기존에 추진하려던 특별자치연합이라도 성사시켜야 한다. 자치연합은 단체장 지위는 그대로 유지하면서 광역행정으로 효율성을 제고하는 방식이다. 부산, 울산, 경남은 서로 보완적인 특성을 지니고 있어, 합치면 상호 윈윈 효과를 기대할 수 있다. 바다를 낀 부산의 지리적 이점과 울산의 중공업단지, 창원의 기계단지를 결합하면 효율적인 자원 운용으로 시너지 효과를 극대화할 할 수 있다. 이용객 부족으로 천덕꾸러기 신세가 된 김해경전철 같은 비효율적 사업은 더 이상 하지 않아도 된다. 산업도로가 있다고는 하지만 상습 정체로 물류 수송에 비효율적인 만큼 울산, 창원, 부산항을 잇는 산업용 철도망을 놓는다면 물류운송비도 대폭 줄일 수 있을 것이다.

▌대구경북특별시 2026년 출범 목표, 하지만 난항 예상

대구, 경북은 2026년 7월 대구경북특별시 출범을 목표로 단체장들이 의기투합했다. 대구, 경북이 합쳐지면 인구 약 500만 명에 경기도의 2배에 달하는 한반도 최대 면적의 지방자치단체가 된다.

하지만 통합청사 위치와 대구와 경북의 기초의회는 그대로 둔 채 통합하기로 해 통합에 따른 시너지가 얼마나 생길지 의문이다. 제대로 된 통합이라면 시군자치구도 인접 지역 간 통합으로 행정력 낭비를 최소화하고 여기서 절약한 재원을 지역 발전에 활용할 수 있어야 한다. 그런데 시군자치구의 종전 사무를 유지한다니 일부 지역 주민들의 반대가 여전하다는 방증이다.

실제로 대구경북 행정통합 움직임에 대해 경북 예천군의회나 안동시의회 등에서 여전히 반발 기류가 상당하다. 지역 주민들의 의사가 반영되지 않는 두 단체장만의 논의는 주민 무시라고 반발한다. 몇 년 전부터 두 지자체 간 통합을 위한 공론화위원회를 운영했는데도 이런 반발이 나오는 건 그만큼 지역 주민의 의사가 제대로 반영되지 않는 통합 논의는 성공하기 어려울 것이라는 반증이다.

대전, 세종, 충북, 충남 등 충청권 4개 시도도 사정은 비슷하다. 원래 이 4개 시도는 '충청광역연합'이라는 충청 메가시티화 작업을 논의 중이었다. 2025년 초에 비수도권 최초의 메가시티 출범을 목표로 한다는 얘기도 나왔다. 하지만 지역 간 통합에 대한 생각이 제각각이라 대전, 충남 간 행정통합만 추진하는 것으로 진행되고 있다. 대전은 1989년 직할시로 승격하면서 충남에서 분리됐었다. 두 지자체가 합치면 35년 만에 다시 한 가족이 되는 것이다.

세종특별자치시의 경우, 이러한 행정통합에 대해 행정수도라는 특수성을 내세우며 신중한 입장이다. 충북도 마찬가지다. 세종시의 육동일 지방시대위원장은 "지방 생존을 위해선 행정통합이 필수적이나 더 중요한 건 협력"이라며 "충청광역연합으로 시도 간 유대관계를 강화한 뒤, 이를 토대로 행정통합을 할 때 더 큰 시너지를 기대할 수 있을 것"이라고 말했다.

하지만 지역의 소멸 위기 상황을 감안하면, 현실과 동떨어진 아쉬운 결정이다. 충북의 11개 시군 중 8곳, 충남의 15개 시군 중 12곳이 소멸위험지역이다. 충청권 청년층의 수도권 유출은 지난 10년간 71.1%에 달하며 지역 경제 격차는 날로 커져만 간다.[173] 이런 상황에서 시도 간 유대관계 강화가 필요하다는 건 한가로운 소리다. 통합으로 공무원 자리가 사라질지 모른다는 불안감을 가질 수 있겠으나 통합하지 않으면 생존이 불가능한 상황이다. 단체장에서부터 현장 공무원에 이르기까지 저마다 공무원이기주의에 빠진 것 같아 안타깝다.

부산경남, 대구경북, 대전충남 등 행정통합을 추진하는 이 지역들은 그동안 행정권역만 달랐지 경제적, 문화적으로 같은 생활권에 있었다. 행정권역이 나뉘다 보니 국책 사업 유치 경쟁이 과열되고 광역교통, 문화, 의료시설에 대한 과잉투자 등 행정 낭비가 발생했다. 그러나 이 지역들이 통합된다면 행정 효율성을 높이고 규모의 경제를 달성할 수 있을 것이다. 행정통합은 지방소멸시대를 극복할 대안이 될 수 있다. 대안이 아니라 인구감소시대 상황임을 감안하면 지자체 간 통합도 필수 이행 과제나 다름없다.

▌행정통합 필수이나 주민동의가 전제돼야

하지만 행정 통합 시도는 단체장 간의 갈등이나 주민들의 반발 등으로 현실적 한계에 직면하고 있다.

행정통합을 하려면 시도의회 동의와 정부 권한의 이양, 재정 지원 협의와 국회에서 행정통합에 대한 특별조치법이 통과돼야 한다. 아직은 갈 길이 먼 것이다. 그럼에도 불구하고 부산경남, 대구경북, 대전충남이 제각각 행정을 하는 것보다는 통합하게 되면 효율적인 광역행정을 할 수 있을 것이다.

필자는 지역민의 선택을 받은 단체장들이 지역 발전을 위해 '통 큰 정치'를 해야 한다고 생각한다. '행정통합으로 단체장 자리가 한 자리 줄게 되지만, 나는 다음 선거에 나가지 않겠다. 지역 발전을 위해 두 지역을 통합하자'와 같은 호소가 필요한 시점이다. 성공은 서울만의 것이 아님을 보여주려면 비수도권 광역화로 지역의 경쟁력 토대부터 갖춰야 한다.

지방 주도형 균형발전

정부가 2024년 3월 의대 입학 정원을 2,000명 늘리고 이 중 82%를 비수도권에 있는 32개 대학에 배정한 것은 대표적인 비수도권 맞춤형 정책이었다. 국민의 절반 이상이 수도권에 몰려 있는 실정에서 수도권에 대한 역차별이나 다름없는 정책이었다. 이러한 비수도권 맞춤형 의대 정원 정책은 지역 간 불균형발전 문제를 해결하려는 정부 노력의 한 예시이다.

물론 자유시장경제체제에서 지역 간 불균형발전이나 격차 문제는 자연스러운 현상이다. 의료서비스뿐만 아니라 기업이나 자원 등을 둘러싼 경쟁에서 지역 간 보유 자원의 차이로 격차는 생길 수밖에 없고, 모든 지역을 균등하게 발전시킨다는 것은 현실적으로 이룰 수 없는 일이다. 앞서 설명한 '균형발전 불가론'이다.

하지만 지역 간 격차가 지나치게 커지면 사회적 불안정과 국가경쟁력 약화를 초래할 수 있다. 이에 대한 해결책으로, 과거에는 정부가 주도적으로 지역 개발 정책을 폈다.

특히 산업화 시절에는 정부 주도의 정책이 주효했다. 정부가 지역별로 조성한 산업단지들이 국가기간산업을 지탱하면서 대한민국 발전을 견인했다. 포항의 철강산업 단지, 구미의 국가산단, 울산의 조선과 자동차산업도 그랬다.

그러나 글로벌시대 도시 간 경쟁이 심화되면서 수도권 규제 완화와 더불어 주력 산업들이 수도권으로 집중되었다. 반도체는 용인, 수원, 평택을 중심으로 클러스터가 형성되었고, 디스플레이 공장들도 파주에 자리잡았다. 이런 첨단 기업들은 자연스럽게 인재를 빨아들이는 블랙홀이 되었고, 수도권 집중은 더욱 가속화되었다. 그러면서 비수도권은 소멸 위기로 내몰리고 있다.

▌'샘물 효과(trickle up effect)'로 국부 키울 수 있어

이제는 변화가 필요하다. 수도권 과밀, 지역 간 불균형 심화 등 국가의 지속가능한 발전을 위협하는 문제들을 해결하려면 국가 경영의 패러다임을 정부 주도에서 지방 주도로 전환해야 한다. 지방이 주도적으로 지역에 필요한 발전 전략을 세우고, 중앙정부는 이를 지원하는 방식으로 전환해야 한다. 지방이 가진 장점을 극대화하면서 자생력을 키울 수 있는 발전 전략으로 수도권과 비수도권 간 상생 발전을 해야 한다. 이러한 노력이 쌓여 비수도권에서도 저마다 경제적 활력을 창출하면 '샘물 효과'를 통해 지금보다 더 국가 전체의 성장을 끌어낼 수 있을 것이다.

그리고 지역이 주도하는 발전 전략은 각 지역에서 지역의 산업 특성에 맞는 맞춤형 발전 전략으로 구체화돼야 한다.

수도권은 기존에 잘 갖춰진 인프라에다 인적, 물적 자원이 몰려 있어 집적 효과에 따른 생산성이 높다. 이런 상태에서 수도권이 강점을 지닌 산업을 인위적으로 비수도권으로 이전시키는 것은 국가 전체적으로도 비생산적인 일이며, 자유시장경제 체제에도 맞지 않는 일이다.

국토의 균형발전은 당연히 추구해야 한다. 하지만 기계적인 균형발전 추진은 지방으로의 공공기관 이전이 절반의 성공에 그쳤다는 비판적 평가에서 드러나듯 한계가 있을 수 밖에 없다. 게다가 지금은 저출산 고령화시대로 복지비 지출의 증가 추세 등을 고려하면 정부 투자의 효율성을 고려하지 않을 수 없다. 따라서 수도권 경쟁력에는 미치지 못하지만 인구 밀도나 기존의 지역 인프라를 고려했을 때 잠재력이 있는 비수도권의 거점도시를 중심으로 지역의 경제산업 특성에 맞는 맞춤형 발전 전략을 마련해 생산과 고용 창출 효과를 극대화하는 것이 효과적이라고 본다.

예를 들어 부산은 바다를 낀 지리적 특성을 최대한 살리는 발전 전략을 구사하는 것이 바람직하다. 공사를 시작한 가덕도신공항, 물류 특화단지, 부산항 북항 재개발 등을 통해 국제적인 해양관광 거점지로 발전하면 수도권 일극체제를 극복할 수 있는 대한민국의 핵심 거점도시가 될 수 있다.

광주는 국내 유일의 국가인공지능(AI)데이터센터가 있다. 따라서 AI중심도시로 연관 산업을 육성하는 것이 바람직할 것이다.

국내 최초의 순우리말이름 도시인 세종시는 한글과 우리 문화를 세계로 확산시키는 전지기지로 지역의 가치를 끌어올릴 수 있다.

경남은 방산과 우주항공산업을 중심으로 생산과 고용 창출을 키울 수 있다. 창원에 조성하는 방위산업, 원자력 융합 국가산업단지와 사천의 우주항공청을 중심으로 우주항공산업 분야를 집중 육성하면 다른 지역과의 불필요한 경쟁없이 지역 발전을 이룰 수 있을 것이다. 특히 서울에서 가장 먼 부산이 인근 경남과 합친다면 국가의 인적, 물적 자원이 수도권으로만 쏠리면서 야기된 불균형 문제를 해소하고 균형발전을 앞당길 수 있을 것이다.

이러한 지방 주도의 균형발전 전략이 성공하려면 정부의 전폭적인 지원이 중요하다. 지방의 발전 계획이 타당하면 재정을 지원하고, 지방 재정 확충을 위한 제도적 장치도 마련해야 한다. 지자체의 자율성을 확대하고 지역 특성에 맞는 정책을 세울 수 있게 하는 규제 완화도 중요하다.

이와 함께 수도권 기업이 비수도권 지역으로 이전하는 경우, 이전 지역에서 경제적 기반을 잡을 때까지 법인세 감면은 물론 고용지원금 확대와 연구개발비 세액 공제 등의 과감한 조치로 비수도권 지역에서도 지속가능한 고용 창출이 일어나도록 적극 지원하는 것도 잊지 말아야 한다.

생산과 고용 창출이라는 경제적 유인책 외에 교육, 주거, 문화 의료 인프라 확충도 해야 한다. 비수도권은 생활환경이 수도권에 비해 떨어진다. 일자리가 창출된다고 하더라도 이러한 사회 인프라가 열악하면 인구 유출 요인이 될 것이다.

대한상공회의소에서 발표한 '청년층의 지역 전입에 미치는 영향 연구' 보고서는 이러한 비수도권 지원 필요성을 뒷받침하고 있다. 이 보고서에 따르면 첨단기업이 청년층 인구의 지역 유입에 유의미한 영향을 미치는 것으로 나타나고 있다.

▌정주 여건 조성해야 청년 이탈 줄 것

이 보고서는 전국 17개 광역시도를 대상으로 2006년부터 2021년까지 15년간 청년층(20~39세)의 전입과 전출 인구 통계 추이를 바탕으로 다양한 정주 환경 조건을 계량 분석한 결과, 지역

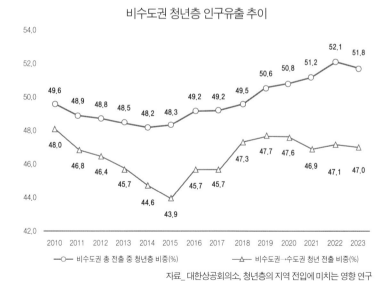

비수도권 청년층 인구유출 추이

자료_ 대한상공회의소, 청년층의 지역 전입에 미치는 영향 연구

내 총사업체 중 첨단기업 비중이 1%p 증가하면 지역 내 전입인구 중 청년층이 차지하는 비중이 0.43%p 증가하는 것으로 분석됐다고 밝히고 있다. 또 교통편리성과 문화시설 등을 전국 평균 이상으로 갖춘 경우로 산정했을 경우에는 지역 내 총사업체 중 첨단기업 비중이 1%p 증가할 때 청년층의 지역 전입 비중이 0.15%p 추가로 증가해 지역 전입인구 중 청년층이 차지하는 비중이 0.59%p까지 확대되는 것으로 분석됐다고 밝혔다. 다시 말해 비수도권 지역에서 청년이 선호하는 일자리와 문화적 인프라, 교통 편리성 등 좋은 정주 환경을 갖추지 않으면 청년 이탈로 인한 지역 쇠퇴를 막기 어렵다는 것이다.

그동안 우리는 수도권 쏠림에 따른 수도권 내 문제 해결에 치중하다 지방소멸 문제를 외면하는 잘못을 거듭하고 있다.

수도권 쏠림 현상은 정부 주도의 정책 추진의 결과로 빚어진 측면이 강하다. 1960년대부터 정부는 경제개발5개년계획을 수립하며 성장 중심의 발전에 매진했다. 인적, 물적 자원이 풍부한 수도권이 수혜지역이었다. 우리나라는 이런 수도권 중심의 성장 모델로 '한강의 기적'을 만들며 세계 10대 경제 강국으로 우뚝 섰다. 제2차 세계대전 이후 원조를 받던 나라에서 원조를 주는 나라로 바뀐 나라는 우리나라가 유일하다. 이러한 수도권 선택과 집중으로 키운 국부를 이용해 비수도권 지역도 발전시킨다는 낙수 효과를 기대했다. 하지만 그런 효과는 기대 이하였다. 오히려 수도권은 더 성장하고, 비수도권은 쪼그라지는 불균형발전을 심화시키고 있다.

게다가 이러한 지방소멸 문제는 지방만의 문제가 아닌 국가

소멸로 이어질 수 있는 중요한 문제다. 농업, 어업, 제조업 등 비수도권의 산업경쟁력을 약화시키며 지역 간 양극화 현상을 초래한다. 이는 사회적 불평등과 계층 간 격차 심화를 낳으며 사회불안 요인으로 나타난다.

광주전남연구원이 개원 30주년을 맞이해 2021년 8월 발표한 자료[174]를 보자. 이 분석에 따르면 과거 경부축 중심의 국가 발전 전략과 가속화되는 수도권 집중화로 인해 오히려 광주, 전남을 비롯한 특정 지역의 국토 불균형은 더욱 심화되고 있다. 지난 60여 년 동안 수도권과 영남권에 재정의 64.1%가 집중됐지만, 충청권과 호남권에는 13~15% 안팎만 배분된 것으로 나타났다.

광주전남연구원이 제기한 불균형 문제는 부산경남, 대구경북, 강원 등 수도권을 제외한 나머지 지역에서도 똑같이 나타나고 있다. 물론 수도권은 억울함을 호소한다. 역대 정부가 수도권 역차별 정책을 펴면서 추가적인 성장의 기회를 놓쳤고 이는 국가경쟁력 약화로 이어지고 있다는 불만이다.

이런 상황에서 윤석열 정부는 지역 균형발전과 국가경쟁력 강화라는 두 마리 토끼를 모두 잡으려 한다. 하지만 쉽지 않은 일이다.

윤석열 대통령이 2024년 1월 초에 밝힌 용인 반도체 메가 클러스터 조성 계획은 수도권 집중 현상을 심화시킬 우려가 있다. 이 계획은 경기도 평택, 화성, 용인, 이천, 안성, 판교, 수원 등 반도체 기업과 연구기관이 밀집한 경기도 남부권을 반도체 메가 클러스터로 조성한다는 방안이었다. 2,102만㎡의 면적에 2030

년 기준 월 770만 장의 웨이퍼를 생산하는 세계 최대 규모의 반도체 클러스터로 만든다는 구상이다. 삼성전자, SK하이닉스 등 민간 기업에서 2047년까지 약 622조 원을 투자하게 된다. 이를 통해 650조 원의 생산 유발 효과와 346만 명의 직간접 고용 창출 효과를 기대하고 있다.[175]

정부는 클러스터 조성을 위해 17조 원 규모의 반도체 금융지원 프로그램을 신설하고 26조 원 규모의 반도체 산업종합지원 프로그램도 추진한다. 클러스터 가동에 필요한 전력과 용수, 도로 등의 인프라 구축도 정부가 책임지기로 했고, 반도체 국가산단의 예비타당성 조사도 면제했다.

정부로서는 반도체 메가 클러스터 조성이 미중 간 기술 패권 경쟁 속에서 국가경쟁력 제고를 위한 선택이었을 것이다. 엔비디아 연합, 탈 엔비디아 중심의 미국 반도체 연합과 중국 중심의 반도체 연합에서 드러나듯 반도체 산업의 클러스터 블록화는 세계 시장에서 살아남기 위한 필수 조건이나 다름없다.

하지만 비수도권 지역민들은 못마땅한 표정이다. 차라리 수도권 집중 억제와 국토 균형발전을 위해 1994년 수도권정비계획법을 개정해 마련한 '공장총량제'부터 없애라는 등의 불만을 토로한다. 반도체 특화단지로 지정된 구미 지역 등 비수도권의 관련업 종사자들이나 관련 분야 전공 대학생들은 모두 수도권으로 빨려갈 수밖에 없는 상황이니 충분히 제기할 만한 불만이다.

앞서 이명박 정부는 국가경쟁력 강화를 위해 노무현 정부에서 틀어막아 온 수도권 규제 완화에 나섰다가 수도권 집중 현상을 심화시켰다는 비판을 받았다. 정부는 이러한 점을 반면교사로 삼아 반도체 메가 클러스터 조성으로 국가경쟁력을 강화하면서도 이를 통한 비수도권의 산업 육성도 함께 고려해야 한다.

수도권이 국제적인 경쟁력을 갖추는 것은 국익에 부합하는 일이다. 우리나라는 국토가 좁다. 국토가 광활한 미국이나 중국처럼 정치 행정과 경제, 금융을 공간적으로 구분해 분산시키는 것보다 집적의 경제 효과를 낼 수 있도록 한곳으로 모으는 것이 더 효과적일 수 있다. 정부가 GTX노선 신설에다 지하철망과 도로망을 확충하고 신도시를 건설하며 수도권 주민들의 생활 불편을 해소하려는 이유이다. 그런데 어찌 된 일인지 이렇게 하면 할수록 비수도권의 수도권 쏠림은 또 가속화하고 지역 간 양극화는 더 심화되고 있다.

자본주의 사회에서 지역 불균형발전 문제를 방치하면 낙후 지역민의 좌절감과 지역 이탈, 지역 간 갈등 심화 등 사회적 문제를 일으킨다. 이는 국민 통합을 저해하고 국가 전체의 성장 잠재력을 충분히 활용하지 못하게 하는 요인이 된다.

정리하자면, 지방 주도의 맞춤형 균형발전 전략을 통해 국가 전체의 효율성을 높일 수 있다. 정부는 이에 필요한 법과 제도적 보완을 하면 된다. 종전처럼 '수도권 대 비수도권'의 이분법적 접근은 바람직하지 않다. 수도권도 해외 대도시와의 경쟁에서 살아남아야 한다. 정부와 지자체 간 협력으로 상호 윈윈할 수 있는 지혜를 발휘해야 한다.

교통망 확충은 비수도권부터

　교통수단의 발달은 인간의 삶에 많은 영향을 미친다. 자동차나 지하철, 버스뿐만 아니라 자전거나 전기스쿠터 같은 이동형 모빌리티도 사람의 이동을 편하게 한다. 등하교나 출퇴근을 편하게 하는 것은 물론 다른 지역에서 여가 활동을 즐길 수 있게도 한다. 인간이 만든 교통수단이 가져온 혜택이다. 특히 과학기술의 발전으로 머지않은 시대에 편리성과 효율성을 최적화할 수 있는 자율주행시대도 가능해질 전망이다. 이렇게 되면 운전에 신경을 쓰지 않고 이동하면서 편하게 업무를 보는 등 획기적인 변화가 예상된다.

　이처럼 교통수단은 인간의 삶에 편리함을 제공하기도 하지만, 건강과 자연 환경에는 부정적 영향을 미친다. 내연기관 자동차에서 나오는 이산화탄소, 일산화탄소, 질소산화물 등은 건강과 환경에 악영향을 미치는 주범이다.

　녹색교통운동시민추진본부에 따르면 자동차 1대가 하루에 배출하는 이산화탄소의 양은 수령 30년인 소나무가 1년간 흡수하는 이산화탄소의 양과 비슷하다. 서울시에서 운행되는 승용차가 배출하는 유해가스를 상쇄하려면 서울시 면적의 8배에 달하는 소나무 숲을 조성해야 한다고 설명한다. 정부에서 자전거나 전기차 등 친환경 이동수단 개발과 이용을 장려하는 이유이다.

　이뿐만 아니라 교통은 경제산업 지형과 국토 도시 공간 구조에도 영향을 미친다. 도시 간 장거리 이동 수단인 고속철도나

도시 간 중거리 이동 수단인 광역급행철도가 이런 경우다.

KTX, GTX가 지역 격차를 해소하며 균형발전에 이바지하는지 아니면 새로운 지역 격차를 야기하는지 살펴본다.

먼저 KTX다.

철도청은 2004년 4월 경부고속철도 개통 당시, 지역 균형발전과 전국 일일생활권의 보편화를 내세웠다. 지역 간 이동 시간의 단축(새마을호 기준 4시간 10분에서 2시간 18분)으로 실질적인 지방화 시대가 이뤄지며, 고속철도 통근족이 등장하고 서울 집값 하락과 함께 정차역 주변에 내 집 마련 붐이 일어 신주거지가 활성화되고 지역 간 정보격차가 해소될 것으로 예측했다.[176]

전국 고속철도 건설 현황

구분	사업명		사업구간	연장 (km)	총사업비 (억원)	개통일
개통완료	경부고속철도 1단계		서울~대구	281.6	127,377	'04.04
	경부고속철도 2단계		동대구~부산, 도심 구간	169.5	82,470	'15.08
	호남고속철도 건설사업		오송~광주송정	182.3	81,190	'15.04
	호남고속철도 2단계 (부분 개통)		광주송정~고막원	26.4	26,921	'19.06
	수도권고속철도		수서~평택	61.1	30,583	'16.12
	준고속	원주~강릉	원주~강릉	120.7	36,458	'17.12
		부발~충주	이천~충주	54	25,303	'21.12
	소 계			895.6	410,302	-
시공중	호남고속철도 2단계		고막원~목포	44.1	-	-
	인천발 KTX 직결		어천역~경부고속선	6.2	4,451	-
	수원발 KTX 직결		서정리역~지제역	9.5	3,088	-
	소 계			59.8	7,539	-
	총 계			955.4	417,841	-

자료_ 국토연구원, 고속철도 개통 20년, 국토 균형발전 효과분석과 향후 과제

▌KTX 개통으로 지역 불균형발전 초래

하지만 KTX 개통이 지역 균형발전 등 지역에 미치는 효과를 분석한 국내 연구자들의 연구에 따르면 부정적 영향이 적지 않다.

조재욱, 우명제[177]가 2004년 개통된 KTX의 영향을 알아보기 위해 2003년과 2010년 두 시점을 대상으로 KTX 개통이 지역 경제에 미치는 영향을 분석한 결과, 지역내총생산과 인구 부문에서 지역 불균형이 심화되고 있는 것으로 나타났다. 이른바 '빨대 효과'로 인해 대도시는 성장하고 중소도시는 쇠퇴한 것이다. 인구의 경우, KTX 정차역과 가까운 대도시로 중소도시의 인구가 유입되고 있었다.

전은하, 이성우[178]는 고속철도 개통을 경험한 일본, 독일, 스페인 등의 사례로 우리나라도 고속철도 개통에 따라 지역 간 경제력의 차이가 더욱 심화될 가능성이 있다고 지적한다. 특히 고속철도 정차역과의 연계망이 잘 갖춰지지 않은 지역일수록 이러한 격차가 심화될 것으로 내다봤다. 또 종착역 주변 지역의 경제적 토대가 기타 지역보다 잘 갖춰진 경우, 이들 지역으로의 빨대 효과가 더욱 심화될 가능성이 있는 것으로 분석한다.

정일홍, 이성우[179]가 2004년부터 2009년까지 권역별 인구 이동을 실증 분석한 결과도 비슷하다. 고속철도 개통이 '수도권 인구의 지방 분산화'라는 기대 효과와 달리 수도권 인구 집중을 심화시키는 요인으로 작동하고 있었다. 권역별로 살펴보면 경상권에서는 인구 배출 요인으로, 수도권과 충청권으로는 인구 유입 요인으로 작용하는 것으로 분석됐다.

임지훈, 서은영, 원제무[180]는 고속철도 개발로 인한 역세권 주변 지역의 지가 변동 추이를 살펴본 결과, KTX 역세권 주변 지가가 다양한 요인들에 의해 영향을 받고 있음을 밝혀냈다.

한국교통연구원[181]도 2014년 호남고속철도의 개통으로 전라북도의 생산유발 효과, 고용 효과 등을 분석한 결과 비슷한 평가를 하고 있다. 경제적 효과는 주요 정차역에 편향될 우려가 있고, 수도권으로의 빨대 효과로 인해 전국 지역내총생산에서 전북이 차지하는 비중은 감소하는 것으로 나타났다는 것이다.

이런 연구 결과가 시사하는 바는 간단하다. 조재욱, 우명제 두 연구자는 고속철도의 수도권 인구 및 기능의 지방 분산 기능을 뒷받침할 수 있어야 현재와 같은 빨대 효과 혹은 지역 불균형 효과가 감소될 것이라고 지적한다. 정부가 막대한 재정을 투입하는 교통 인프라 확충 시, 정책 설계를 잘해야 한다는 것이다. 재정 투입이 지역 간 격차 심화 등 불균형 개발이라는 부작용은 최소화하고 지역 성장과 국가 발전에 기여하는 생산적인 투자가 되도록 계획을 세워야 한다. 고속철도망 연결로 주변 중소도시의 업무 기능이나 노동력 및 구매력이 인근 대도시로 흡수되면서 상권이 위축되는 등 지역 경제를 쇠락으로부터 방지할 대책을 병행해야 한다.

▌'수도권 30분 출퇴근시대'

'수도권 30분 출퇴근시대'. 이 말은 광역급행철도(GTX)가 개통되면 수도권 주민들이 30분 만에 출퇴근을 할 수 있게 된다는 뜻이다. 서울시내에서도 출퇴근이 평균 1시간 이상 걸리는 마당에 수도권 30분 출퇴근이라니, 대단한 교통혁명이 아닐 수 없다.

정부는 2,600만 수도권 주민들이 더 이상 잠을 쪼개 새벽에 일어나거나, 가족과의 저녁을 포기하지 않도록 하기 위해 GTX 건설에 박차를 가하고 있다.

정부 계획에 따르면 총 6개의 GTX노선이 수도권에 깔린다. A, B, C, D, E, F노선이다. 이 가운데 A노선 동탄~수서 구간 28.3㎞는 2024년 3월 30일에 개통됐다. 지하 40m 이상의 대심도를 최대 시속 180㎞로 달린다. 2028년까지 파주 운정~동탄전 구간을 개통할 예정이다.

B노선은 인천대입구~마석 구간에다 마석에서 춘천 간 55.7㎞를 연장해, 2030년 개통을 목표로 하고 있다.

C노선은 덕정~수원 기본 구간에다 덕정~동두천 9.6㎞와 수원~아산 59.9㎞를 연장해 2028년 개통을 목표로 추진하고 있다. 나머지 D, E, F 신규 노선은 2035년 1단계 구간 개통이 목표다. B, C노선 연장구간이 개통되면 비수도권인 충남 아산, 천안 및 강원도 춘천까지 연결된다. 수도권과 수도권 인접 지역을 GTX로 연결해 광역경제생활권을 실현한다고 한다.

정부는 GTX가 개통되면 평균 2시간 30분(출근 73분, 퇴근 77분)인 수도권의 출퇴근 시간이 30분대로 줄 것이라고 한다. 하루 평균 740만 명에 달하는 수도권의 대중교통 이용자들의 이동 시간이 획기적으로 준다니 교통혁명이 아닐 수 없다.

이렇게 된다면 현 수도권 공간 구조에도 변화가 생길 수 있을 것이다. 우선 서울에서 전세나 월세를 사는 무주택자나 아파트 담보대출로 집을 산 사람의 입장에서 생각해보자. 무주택자로서는 내 집 마련하는데 11년 이상 걸린다는 서울에 있기보다 상대적으로 집값이 저렴한 수도권으로의 이사를 고민해 볼 수 있다. 주택보유자라고 하더라도 은행 대출을 안고 내 집을 마련한 사람이라면 다달이 대출이자 갚으며 스트레스 받기보다 수도권 외곽으로 옮기는 방안을 검토할 수도 있다. 무주택자든 자가보유자든 GTX와 서울 지하철, 서울시내 버스 간의 연계성을 감안하면 '탈서울'은 대안이 될 수 있다. '서울 밖'으로 공간을 옮기면서 추가해야 할 GTX 교통비와 이사 만족도 간의 장단점을 따져봐야겠지만 출퇴근 시간을 획기적으로 줄일 수 있다면 충분히 고민해 볼 만한 사항이다.

일자리가 많은 서울로 사람이 몰리면서 생겨난 주택난, 교통난 등의 문제를 해결하기 위해 서울 외곽에 만든 게 신도시다. 그 결과, 2012년 대비 2022년 서울시 인구는 77만 명 감소한 반면 경기, 인천 인구는 162만 명 증가했다.

하지만 수도권 주민들의 고통은 여전하다. 서울연구원에서 2014년에 발표한 '서울시 출근자의 대중교통 행복지수 높이기' 자료에 따르면 출퇴근 거리가 멀어질수록 대중교통 행복지수가 감소한다. 주거와 직장이 분리되는 직주분리 현상이 광역화되면서 2009년부터 2019년까지 10년간 외곽통행이 178만 건 증가했다. 주민등록상 인구는 줄었으나 서울 생활 인구는 여전히 많다는 뜻이다. 지옥철, 저녁이 있는 삶이라는 말에서 드러나듯 출퇴근 시민들의 스트레스는 상당하다.

이번에는 비수도권 주민 입장에서 보자. 서울의 가장 큰 문제점 중 하나인 교통 문제가 해결된다면 수도권 진입을 생각할 수 있을 것이다. 서울은 일자리는 물론 의료, 교육, 문화 등 도시민으로서 누릴 수 있는 사회 인프라가 잘 갖춰진 공간이다. 비수도권 젊은이들이 서울로 몰리는 이유이다. 그런데 수도권 출퇴근이 30분 만에 가능해진다면 더욱더 서울 진출을 꿈꿀 것이다.

▌GTX발 교통혁명으로 수도권 흡입력 더 커질 것

그러니 GTX 6개 노선이 모두 개통되면 비수도권 주민들로서는 수도권 진입을 생각하지 않을 수 없을 것이다. 서울에서 사람이 빠지면 그만큼 집값이 떨어질 것이니 이사 수요는 더 늘어날 수 있다. 서울이 아닌 경기도나 인천 진입도 충분한 선택지가 될 수 있다. 30분만에 수도권에서 출퇴근이 된다는데 일자리도, 의료나 복지, 문화시설도 빈약한 비수도권에 있을 이유가 없기 때문이다.

GTX-B, C 연장구간이 개통되면 충남과 강원도민들도 서울로의 이동이 수월해진다. 정부는 이를 통해 지역 경제가 활성화되고 지역 간 격차 해소에도 긍정적 영향을 미칠 것으로 전망한다. 예를 들어 충청권이나 강원도에서 자녀가 서울 소재 대학에 입학한 경우, 종전에는 서울에 하숙집이나 원룸을 얻어서 생활해야 했지만 GTX를 이용할 수 있다면 서울로 이사가지 않고도 원래 살던 고향에서 등하교가 가능하기 때문이다. 지역 입장에서는 그만큼 사람이 떠나지 않으니, 상권이 활성화될 수 있을 것이다.

그러나 GTX 연장은 충청, 강원 지역의 수도권 쏠림을 더 부채질할 가능성이 높다. 수도권과 충청, 강원이 급행철도로 하나의 경제생활권이 된다는 건 기존의 서울 중심의 경제 무대가 더 공고해진다는 뜻이다. 충청과 강원은 자급자족도시로서 도시경쟁력을 갖는 것이 아니라 서울을 비롯한 수도권 경제에 의존하는 주변도시로 전락할 수 있다.

게다가 수도권으로의 인구 유입을 부채질하는 대형 호재가 있다. 정부에서 반도체 산업 경쟁력 강화를 위해 경기도 남부권인 용인 반도체 클러스터에 수십조 원의 예산을 쏟아 부을 예정이기 때문이다. 지금도 비수도권에서 수도권으로의 인구 유출이 심각한 상황에서 수백만 명의 일자리 창출이 된다니 GTX 개통으로 지방 황폐화를 더 가속하는 일이다.

정리하자면 GTX는 과밀화된 수도권 문제를 당연한 것으로 받아들이고 이로 인한 수도권 주민들의 불편을 해소하겠다는 대중요법일 뿐이다. 서울시민의 '탈서울' 수요나 비수도권 주민의 '탈지방' 수요에 모두 영향을 미칠 것이다. 정부 바람대로 GTX가 수도권 다극화를 유도하며 서울로의 수요를 분산시키며 집값 안정에 이바지할 수도 있겠으나 그 효과는 제한적일 것이다. 국토와 도시의 산업적 특성을 고려한 일자리 분산 등 산업 정책을 세운 뒤 이에 필요한 교통망 확충이 아닌 현재의 도시기능을 전제로 한 사후 대중요법식 교통망 확충으로는 여전히 서울 쏠림 현상은 해결하지 못할 것이다.

▌메가시티 1시간 생활권 조성

정부는 수도권 30분 출퇴근시대를 목표로 GTX노선을 확장하는 한편, 지방에도 광역급행철도를 보급해 1시간 생활권을 조성할 계획이다. 지방 대도시권에서도 GTX와 같은 수준의 광역급행철도(x-TX)를 도입한다는 것이다. 비수도권의 광역급행철도 설치 방침은 문재인 정부 시절의 광역철도 구상에서 확장된 것이다. 지방에는 도시 내 철도는 있었지만 시 외곽을 오가는 광역철도는 없었는데 이를 급행철도로 만들어 이동 시간을 줄인다는 것이다.

1차 수혜 지역은 대구경북과 충청권이다. 대구경북신공항 급행철도인 가칭 DTX는 대구경북신공항 개항 시기에 맞춘 2030년 개통이 목표이다. 정부대전청사와 세종청사, 충북도청과 청주공항을 오가는 CTX는 2034년 개통을 목표로 하고 있다. 나머지 부산·울산·경남, 광주·전남 등 다른 권역에 대해서도 급행철도를 추진할 수 있는 노선을 적극 발굴한다고 한다. 열차의 평균 속도는 시속 80㎞ 이상이며 경제성이 있고 지방자치단체 간 노선에 합의하면 정부가 지원한다. 부산·울산·경남, 광주·전남은 2026년 수립 예정인 5차 철도망 계획에 반영한다는 방침이다.

정부 뜻대로 되면 전국의 주요 도시는 인근 지역과 GTX로 연결된다. 이동 시간이 줄게 되니 지역 경제 활성화 등 지역 발전에 이바지할 수 있는 교통 정책이다. 하지만 광역급행철도망의 개통 시기는 대체로 선 수도권, 후 지방이다. 지방의 교통 격차 문제를 지방의 복지 갈증을 해소하는 시혜적 차원에서 인식하고 비수도권의 광역철도망 건설 투자에 소극적으로 대할 가능성도 있을 것이다. 그리고 현재의 경제산업 인프라는 수도권에 쏠려 있다. KTX 개통이 역사 주변의 '반짝 활성화'와 나머지 지역의 침체를 가져왔듯 GTX도 비수도권의 수도권으로의 의존을 풀기는 힘들어 보인다.

도로, 철도, 공항, 항만 등의 교통망 확충은 지역과 국가에 미치는 영향이 크다. 시민의 이동 시간 절약은 물론 기업의 생산비용이나 물류비용도 줄이고 지역 간 접근성 제고로 유동 인구 증가를 통한 지역 경제 성장에 긍정적 효과를 준다. 특히 지하철 같은 도시철도망은 거미줄처럼 촘촘한 연결망으로 시민들에게 편리한 이동성을 제공하는 한편 역세권의 땅값이나 아파트 가격을 다른 지역에 비해 높이는 경제적 효과도 크다.

▌교통망 배제 지역, 자원 유출 초래할 것

하지만 이러한 교통망에서 배제된 지역에서는 자원 유출이라는 위험 요인을 키우는 일이다.

교통망 확충이 야기하는 이러한 효과들을 감안한다면, 국토와 도시의 공간 구조를 어떻게 디자인할 것인가에 대한 종합적인 고민 후에 교통망을 개선하는 것이 바람직하다. 지금처럼 수도권 주민들이 출퇴근 문제로 고통받고 있으니 이를 해소하겠다며 교통망 확충에 나서는 것은 일응 타당한 일이면서도 국토의 균형발전에 미칠 부작용을 생각하면 분명 아쉬운 일이다.

교통은 대표적인 공공재다. 어느 지역에 있건 대중교통 이용에 불편함이 없어야 한다. 하지만 현실은 그렇지 않다. 서울특별시민들은 최고의 대중교통서비스를 누리고 있지만 서울에서 멀어질수록 그 혜택은 줄고 있다. 분명 부인할 수 없는 현실이다.

물론 단지 교통망 하나 때문에 수도권으로의 인구 쏠림이 가속화됐다고 말하긴 어렵다. 교통망이 발달하더라도 일자리가 없거나 주택난에 주거비가 감당하기 어려울 정도로 비싸다면 인구 유출을 초래할 수 있다. 결국 교통망 외에도 주택난과 일자리 부족 역시 인구이동에 큰 영향을 미친다.

하지만 일자리는 서울에 있는데 주거난 때문에 서울 외곽에 거주하는 사람들로서는 서울 직장으로의 출퇴근 문제만 해결된다면 수도권 밖으로 이주할 필요성이 사라질 것이다. 이는 동시에 비수도권 주민들의 수도권 진입을 부추기는 요인이 된다.

수도권의 도로, 철도 등 교통 인프라는 비수도권에 비한다면 포화 상태나 다름없지만 지방은 대중교통서비스의 사각지대에 놓여있다. 전라북도 무주군, 진안군, 장수군 등에서는 버스 운행 간격과 소요 시간이 매우 길고, 일부 노선은 하루에 1회만 운행하는 등 서비스 빈도가 매우 낮다. 집에서 버스정류장까지 가는데도 몇 킬로미터를 걷는 것이 기본이다. 지방 소도시와 농어촌의 경우, 주민들의 도시로의 탈출과 같은 인구 감소로 승객이 줄어 버스 노선이 폐지되는 등 대중교통 환경이 열악해지면서 주민들이 지역을 떠나고 이런 현상이 다시 노선 폐지로 이어지는 악순환에 놓여 있다.

얼마 전 전국의 운전면허 학원들이 수강생 감소로 직격탄을 맞고 있다는 소식[182]이 있었다. 이 뉴스를 본 젊은 네티즌들이 보인 반응을 보노라면 지방의 대중교통 환경이 얼마나 열악한지 알 수 있다.

반응 가운데 비수도권의 교통 인프라 부족에 따른 불편을 언급한 반응으로는 다음과 같은 내용이 있었다.

청주 아래서부터는 자가용 없으면 이동이 불편하다.

주민 10만 명 이하 소도시라면 차 살 형편이 안 되면 오토바이라도 사야 할 지경

지방 사는 게 바보

지방에 있을 때는 버스가 있어도 한 번 놓치면 최소 30분은 기다려야 하고 운행 시간도 짧아 자동차가 반드시 있어야 했는데, 서울로 오고 나서부터는 대중교통망 덕분에 차로 이동하는 것이 오히려 불편하다.

버스 노선이 엉망진창이라 부지런하게 움직여도 자차보다 3배는 걸리고 자전거도로도 없다.

서울처럼 가로등이 밝게 켜져 있는 게 아니라 지방은 밤에는 가로등을 끄기 때문에 상향등을 켜고 다녀야 할 정도다.

지방에서는 자가용이 필수임을 지적하는 반응도 있었다.

수도권에서 취업하면 자동차 출퇴근이 경제적으로나 시간상으로도 힘든 일이나, 지방 산업단지에서는 중소기업의 취업 조건이 자차 출퇴근이다.

수도권에 있다가 비수도권으로 이주를 계획 중인 사람은 장롱면허에서 벗어나고자 운전 연수를 해야 한다고 걱정한다.

수도권의 경우, 차량 이용이 불편하다는 반응도 있었다.

지방에 살 때는 차가 없어 불편했는데 서울에 사니까 오히려 차

때문에 불편하다.

이처럼 비수도권 주민들에게는 대중교통의 부족으로 차량 소유가 필수로 인식되는 실정이다. 인구 감소 지역을 중심으로 교통 인프라가 개선된다면 거주 환경이 개선되는 것이기에 지역 활성화에도 긍정적 영향을 미칠 것이다.

정부는 수도권의 GTX노선 연장과 확충에 공을 들이고 있다. 하지만 이런 수도권 교통망 확충은 수도권 집중 현상만 심화시킬 것이다. 국가의 균형발전을 위해서는 수도권에 대한 교통망 투자는 기존 교통망을 유지, 보수하는 선으로 국한하고 신규 투자는 비수도권에 우선하는 것이 균형발전 취지에 맞는 일이다. 특히 비수도권 지역 중에서도 거주지로서의 매력이 적어 전출 인구가 늘면서 인구소멸 위기에 놓인 인구 감소 지역의 대중교통 접근성을 높이는데 진력해야 한다.

이와 관련해 교통 접근성 개선의 경제적 파급효과를 분석한 최은지의 연구[183]는 중요한 시사점을 보여준다.

최은지는 교통 접근성 변화가 농업소득 및 지역 균형발전에 미치는 영향을 분석한 결과, 교통 인프라 확충을 위한 정부의 교통 접근성 개선 노력이 2010년대 이후 농촌지역의 생산성 제고에는 별다른 도움이 되지 않았다고 주장한다. 그 이유로는 수도권을 중심으로 한 신도시 건설과 지방의 혁신도시 건설 등 도시 중심의 교통 인프라 투자로 인해 농업 및 농촌 부문에서의 인프라 구축에 대한 고려가 부족했기 때문이라고 보고 있다.

농업생산의 기반인 농산어촌의 소멸 위협은 지역 불균형을 심화시키는 문제일 뿐 아니라 식량자급률 하락 등 국가 경제의 안정성도 해치는 일이다. 농산어촌을 떠난 젊은이들이 도시로 몰리면 주거, 교통, 복지비용의 증가를 초래해 국가 운영에도 추가적인 부담이 된다. 반면, 농산어촌의 교통망을 개선하면 해당 지역의 생활 여건이 개선되어 인구 유출을 방지하고, 나아가 대도시 과밀 문제도 완화하는 등 국가 차원의 사회적 비용 절감도 기대할 수 있다.

자본주의체제에서 지역 간 불균형발전 문제는 불가피한 측면이 있다. 하지만 민간의 시장 원리가 아닌 정부의 재정 사업으로 이러한 불균형발전을 지속하는 건 다른 문제다. 게다가 이로 인한 격차를 방치하면 현세대는 물론 미래에 그 지역에 거주할 누군가에게도 영향을 미친다는 점에서 더 큰 문제로 이어진다.

이처럼 지역 불균형이 심화되는 상황에서 저출산 기조까지 지속되면서 출생과 사망 같은 자연적 변화가 아닌 인구이동 같은 사회적 요인으로 특정 지역으로 인구가 몰리는 문제는 더욱 심각해질 것이다. 이렇게 되면 정부로서는 낙후 지역의 경제를 회복시키려는 투자에다 인구 집중 지역에 대한 관리 투자까지 동시에 해야 한다. 이는 비효율적인 일이다. 지역 균형발전과 효율적 예산 운용을 위해 대중교통망에 대한 신규 투자는 비수도권 지역을 최우선으로 해야 한다.

폭식 사회를 넘어 상생 사회로

수도권 집중 현상을 '폭식 사회'에 비유하며 수도권과 비수도권의 불균형발전 문제의 심각성을 짚어봤다. 이를 통해 균형발전 문제가 단순히 지역 간 격차를 넘어 국가 생존과 미래 발전을 위한 필수 과제임을 강조하고자 했다

대한민국에는 17명의 형제가 있다. 서울, 경기, 인천이라는 수도권 거주 3형제는 상대적으로 잘살고 앞으로도 번창할 여력이 있다. 고층 빌딩은 지금도 올라가고 있으며 아파트 신축 계획도 5만 호나 잡혀 있다. GTX노선 확대와 자율주행 상용화도 눈앞에 와 있다.

반면 부산, 대구, 광주 등 비수도권에 사는 14명의 형제는 살림살이가 빈곤하다. 청년들은 일자리를 찾아 수도권으로 떠나고, 어르신들만 남은 시골에는 소멸의 그림자만 짙게 깔리고 있다. 서울과 달리 쓰러져 가는 빈집에다 5만 호의 미분양 아파트가 주인을 기다리고 있다. 국토교통부는 주택 신축뿐만 아니라 빈집 대책 마련에도 신경을 써야 하는 상황이다. 지방소멸을 막고자 생활인구 개념을 도입하고 고향사랑기부제도 홍보하고

있으나 비수도권은 인적 없는 지역으로 전락하고 있다.

트롤리 딜레마와 균형발전 해법

우리 사회의 국토 균형발전을 둘러싼 수도권과 비수도권 간 갈등사를 보면 '트롤리 딜레마' 상황과 유사하다. 트롤리 딜레마는 윤리학, 인공지능 등 여러 분야에서 다수를 구하기 위해 소수를 희생할 수 있는지를 묻는 사고실험이다.

기본 시나리오는 다음과 같다. 브레이크가 고장난 트롤리(기차)를 운전하는 기관사가 있다. 이 기관사가 레버를 당기지 않고 그대로 달리면 선로 위에서 작업 중인 5명의 근로자가 죽게 된다. 반면 레버를 당겨 트롤리의 방향을 다른 선로로 바꾸면 다른 선로에 있는 1명의 작업자가 죽게 된다. 이런 상황에서 당신이라면 어떤 선택을 할지를 묻는 실험이다.

대부분의 사람은 레버를 당기는 것이 옳다고 대답한다. 이처럼 트롤리 딜레마는 소수의 희생을 통해 다수를 구하는 것이 정당화될 수 있는가에 대한 질문을 던져 준다.

이런 딜레마를 균형발전 정책에 빗대어 설명하자면 수도권 규제 중심의 정책은 비수도권의 상대적 발전을 감안한 것이지만, 국가 전체의 경제 성장에는 제약이 따를 수 있다. 반면 수도권 규제 완화 기조는 국가 전체의 경제 성장에는 바람직하지만, 가뜩이나 수도권으로 기울어진 발전 격차를 더 심화시킬 수 있다는 한계를 가진다.

17명의 형제, 상생의 길로

기존의 균형발전 정책은 이런 딜레마적 상황에서 벗어나질 못했다. 물론 어떤 경우든 균형발전 추구라는 명분은 놓지 않았다. 헌법상 가치인 균형발전을 위해 비수도권의 살림살이가 어려운 14명의 형제를 도우려고 수도권 3형제의 경제 활동을 제한하는 시늉이라도 했다.

물론 이명박 정부처럼 인적, 물적 자원을 수도권에 몰아주고 이 성과를 통해 비수도권 활성화를 노린 적도 있었다. 하지만 유의미한 성과는 없었고, 오히려 많은 부작용을 낳았다. 말하자면 기존 균형발전 정책은 어떤 방향성을 가졌든 수도권과 비수도권 모두에게 불만족스러운 정책이었다.

정보통신기술의 발달로 국가 간 경쟁뿐만 아니라 도시 간 경쟁도 치열해진 상황이다. 수도권과 비수도권이 서로의 희생을 요구하는 트롤리 딜레마에 고착되어서는 국가경쟁력을 제고할 수 없다. 우리나라는 자원이 한정된 만큼 기존의 자원을 최대한 활용해, 지역 간 격차를 줄이고 지속가능한 그리고 모든 지역이 행복할 균형발전 모델을 구축해야 한다.

제레미 벤담은 '최대 다수의 최대 행복'을 주장했다. 이러한 공리주의는 공공 정책의 기본 원칙이다. 하지만 소수의 희생은 불가피하다.

균형발전 정책도 이런 한계에서 자유롭지 않다. 비수도권의 발전을 위해 수도권의 자원 배분을 규제하면 수도권 주민들이

상대적 불이익을 얻을 수 있다. 공리주의는 이러한 고통을 '희생할 수 있는 대가'로 간주할 수 있으나 지역 간 갈등을 초래할 가능성이 크다.

미래지향적인 균형발전 전략은 이러한 트롤리 딜레마와 공리주의의 한계를 뛰어넘어 수도권과 비수도권이 함께하는 지속가능한 상생형 균형발전을 추구해야 한다.

이 책은 이러한 지속가능한 균형발전을 위한 선결조건으로 대통령의 확실한 균형발전 추진 리더십, 지방분권 등을 제안했다. 실천방안으로는 10년 이상 지속할 상생형 발전, 행정통합 등 광역 행정화, 공공 기반 신규 투자는 비수도권을 우선하는 차등적 자원 배분 등을 제시했다.

특히 비수도권 지역은 실천 가능한 자구책을 모색해야 한다. 지방분권을 강화하더라도 각 지역의 자발적 발전 의지와 실행 역량이 뒷받침되지 않는다면 효과를 기대하기 어렵다. 지역마다 산업 특성과 지리적 이점을 활용한 자발적인 지역 활성화 전략을 세우고, 정부는 이러한 전략이 타당하다면 이를 적극 지원해야 한다.

가장 중요한 건 10년 이상 지속가능한 균형발전 모델 구축이다. 이를 위해선 여야가 당리당략과 관계없이 머리를 맞대 지역발전 방안을 마련해야 한다. 물론 이 로드맵 마련에 지역도 동참해야 한다. 이러한 중앙과 지방 간 소통이 정권 교체와 무관하게 일관적으로 지속될 때, 진정한 균형발전을 기대할 수 있을 것이다.

이러한 장기적 균형발전 로드맵에 따라 지역마다 맞춤형 발전 방안을 실천에 옮긴다면 수도권과 비수도권 등 지역과 관계없이, 발전 속도 차이로 인한 혜택의 정도는 다르더라도 모든 국민이 행복한 삶을 누리는 사회로 나아갈 수 있을 것이다.

지금까지 대한민국의 성공 신화는 '한강의 기적'에서 드러나듯 서울 중심의 발전 모델이 낳은 스토리텔링이다. 수도권은 이 성공 신화에 젖어 발전 모델 변화를 주저한다. 하지만 이러한 수도권 중심의 '폭식 사회' 현상으로 국가경쟁력 약화 등 소멸 위기를 걱정하고 있다. 이제 지역이 분권 역량을 길러 리더십을 발휘해야 할 때다.

중앙과 지방이 머리를 맞댄 균형발전 정책을 지속적으로 추진한다면 지역 격차 해소를 넘어 사회이동성 정책으로도 빛을 볼 수 있을 것이다. 지방 청년들이 지역에서의 성장 가능성을 믿지 못하는 사회는 불행한 사회이다. 개인이 비수도권에서 태어나도 노력하면 성공할 수 있고, 수도권에서 태어나도 노력하지 않으면 실패할 수 있어야 발전하는 사회이다.

지속가능한 균형발전은 우리 모두의 과제이다. 과거처럼 정부 주도로 단기적 효율성을 추구하는 발전 모델을 선택할 것인지, 조금은 힘들더라도 지역 주도로 멀리 내다보고 발전을 추구할 것인지는 우리의 결단과 행동에 달렸다. 그리고 이런 행동에 수도권과 비수도권, 여야 관계없이 모두가 동참할 때 발전하는 사회가 될 것이다.

주

1 매일일보, 이장우 대전시장, "판교라인을 대전라인으로 내리겠다", 2022.07.12.
https://www.m-i.kr/news/articleView.html?idxno=933222

2 메디컬타임즈, 의대증원 규모보다 더 심각한 문제는 '지역인재 전형' 확대,
2024.02.26.
https://www.medicaltimes.com/Main/News/NewsView.html?ID=1157591&ref

3 국민과 함께하는 민생토론회 - 여섯 번째, 출퇴근 30분 시대, 교통격차 해소,
2024.01.25.
https://www.youtube.com/watch?v=MQWwVIOwOi0

4 연합뉴스, GTX-A 삼성역 개통지연에 줄어든 이용객… 정부, 손실부담 가능성,
2024.04.15.
https://www.yna.co.kr/view/AKR20240415061500003?input=1195m

5 정기성·홍사흠, 2019, 대한국토·도시계획학회, 〈공간 분석을 통한 지역별 수도권 인
구유입에 영향을 미치는 요인 연구 - 지리정보시스템과 지리적가중회귀모형을 이용
하여 -〉, 《국토계획》, 54권, 6호, 116~127pp

6 한국일보, 수도권 대학, 20년 만에 정원 확대… 첨단분야 817명 늘어난다,
2023.04.27.
https://www.hankookilbo.com/News/Read/A2023042714200004006

7 뉴시스, 지방대 총장들 "증원된 첨단학과, 수도권 쏠림 우려", 2023.05.02.
https://www.newsis.com/view/NISX20230502_0002288848

8 한국일보, 18년 된 반도체학과도 폐과… "교육부는 모르는 지방 현실, 피눈물 난다",
2022.07.08.
https://www.hankookilbo.com/News/Read/A2022070811540001641

9 중앙일보, [단독] 10년간 국고 6000억 쏟았는데… 사립대 10여곳 경영위기,
2024.12.04.
https://www.joongang.co.kr/article/25297140

10 조선비즈, 가장 빨리 늙는 곳은 '부산'··· 지자체 절반 초고령사회 진입, 2024.01.03.
https://biz.chosun.com/topics/topics_social/2024/01/03/RK7YPFESZZFZNLFVRBVGRV46KU/

11 뉴스1, 부산, 이러다 사라질라···광역시 중 첫 '소멸 위험 지역', 2024.06.28.
https://www.news1.kr/economy/trend/5463095

12 중앙일보, 머리띠 두르며 막던 화장장···이젠 "우리 마을 달라" 피켓 든다,
2024.05.03.
https://www.joongang.co.kr/article/25246831

13 세계일보, '광주 쓰레기 소각장' 재공모에 6곳 신청, 2024.10.03.
https://www.segye.com/newsView/20241002517902

14 세종특별자치시, 정부조직 내 세종시 소재 부·처('24.5월말 기준), 2024.11.29.
https://www.sejong.go.kr/ac/sub03_01.do

15 한국경제, "행정체계 다 손보자"는 野에···與 "김포 서울 편입과는 결 달라",
2023.11.01.
https://www.hankyung.com/article/2023110159361

16 뉴스1, 김기현 "부울경 메가시티 그동안 성과 없어···근본 취지 살려야",
2023.01.27.
https://www.news1.kr/amp/local/busan-gyeongnam/4935613

17 울산경제, 울산시 '부울경 특별연합 규약안' 공식 폐지절차 돌입, 2022.11.07.
https://www.ulkyung.kr/news/articleView.html?idxno=7948

18 거제저널, [기자회견] 민주당 거제 등 4개시 시의원 26명, 부울경특별연합 폐지 경
남도 규탄, 2022.11.14.
http://www.geojejournal.co.kr/news/articleView.html?idxno=79118

19 파이낸셜뉴스, 김두겸 울산시장 "부울경 행정통합 있을 수 없다··· 연방제처럼 권한
부터", 2024.07.01.
https://www.fnnews.com/news/202407011536248189

20 연합뉴스, 경북도의원들 "행정통합 서두르면 안 돼··· 주민투표로 결정해야",
2024.08.27.
https://www.yna.co.kr/view/AKR20240827116600053?section=search

21 한국일보, 홍준표 '대구·경북 통합' 합의 직전 '통합무산 선언', 2024.08.27.
https://www.hankookilbo.com/News/Read/A2024082718070000634

22 매일경제, 故 이병철회장 등 요청…울산 '대한민국 산업수도' 지정, 2012.01.29.
https://www.mk.co.kr/news/special-edition/5095137

23 중앙일보, 박정희와 깊은 인연…울산공업축제 35년만에 열리는 사연, 2023.04.27.
https://www.joongang.co.kr/article/25158361

24 행정안전부국가기록원, 신행정수도건설기획단, 2007.12.01.
https://www.archives.go.kr/next/newsearch/listSubjectDescription.do?id=005629
&pageFlag=&sitePage

25 법제처, 전두환대통령 1986년 국정연설 해설③, 2009.01.01.
https://www.moleg.go.kr/mpbleg/mpblegInfo.mo?mid=a10402020000&mn=
02&mpb_leg_pst_seq=126888&yr=1986

26 경향신문, 전국협의회 "혁신도시 계획대로 추진돼야", 2008.04.18.
https://www.khan.co.kr/economy/economy-general/article/200804181742195

27 연합뉴스, 수도권 규제완화..투자 활성화 vs 지역격차 심화, 2008.10.30.
https://www.yna.co.kr/view/AKR20081030064800003?site=mapping_related

28 연합뉴스, 대구.경북, 국토이용 효율화 방안에 강한 반발, 2008.10.30.
https://www.yna.co.kr/view/AKR20081030100800053?site=mapping_related

29 한국경제, [사설] (10일자) 지역개발, 국토계획과 조화돼야, 2002.10.10.
https://www.hankyung.com/article/2002100937321

30 세종특별자치시 행정수도 코너(https://www.sejong.go.kr/ac.do)에 가면 역대 대
통령 등 유력 인사의 관련 발언을 볼 수 있다.

31 경향신문, [사설] 지방이 고루 잘 살려면, 2003.06.12.
https://www.khan.co.kr/opinion/editorial/article/200306121842081

32 파이낸셜뉴스, [fn사설] 지방 균형 발전의 전제조건, 2003.06.13.
https://www.fnnews.com/news/200306130939252159

33 세계일보, "지방분권" 실천의지가 관건, 2003.07.05.
https://www.segye.com/newsView/20030704000491

34 동아일보, [사설] 지역 균형발전, 명분만으론 안 된다, 2009.10.10.
https://www.donga.com/news/article/all/20031016/7992139/1

35 매일경제, [사설] 수도권공장 역차별 시정해야, 2003.11.09.
https://www.mk.co.kr/news/all/3179554

36 한국경제, [사설] (18일자) 수도권 규제만이 능사 아니다, 2003.11.18.
https://www.hankyung.com/article/2003111710431

37 중앙일보, [사설] 원로 학자들의 新행정수도 반대, 2003.11.19.
https://www.joongang.co.kr/article/259455

38 국민일보, [사설] 나라 전체를 보고 국정 펼쳐야, 2004.10.26.
https://www.kmib.co.kr/article/viewDetail.asp?newsClusterNo=01100201.2004
1026000002601

39 동아일보, [사설] 국토 균형발전 계획 새로 짜야, 2009.10.09.
https://www.donga.com/news/article/all/20041022/8119914/1

40 동아일보, [사설] 구름 위의 균형발전, 땅 위의 투기대란, 2009.09.22.
https://www.donga.com/news/article/all/20040922/8109927/1

41 문화일보, 〈사설〉 역사도 국민도 국정도 다 갈라세우나, 2004.08.21.
https://www.munhwa.com/news/view.html?no=2004082101012337175002

42 중앙일보, 천도(遷都)가 국토 균형발전인가, 2004.06.08.
https://www.joongang.co.kr/article/347122

43 한국일보, [사설] 위헌결정 파문 냉정하게 수습하라, 2004.10.25.
https://www.hankookilbo.com/News/Read/200410250079475175

44 중앙일보, 강남사람 '왕따' 작전인가, 2004.08.22.
https://www.joongang.co.kr/article/379328

45 문화일보, 〈사설〉 "국가균형발전 전략은 광복이후 최대 포퓰리즘", 2007.05.22.
https://www.munhwa.com/news/view.html?no=2007052201033937076002

46 경인일보, 균형법 저지때까지 내려오지 말라, 2003.11.19.
https://www.kyeongin.com/article/234251

47 경인일보, 수도권 정책도 영이 안 서나, 2003.05.23.
https://www.kyeongin.com/article/233950

48 중부일보, 무차별 공공기관 이전 안된다, 2004.04.30.
https://www.joongboo.com/news/articleView.html?idxno=3696

49 중부일보, 말로만의 '수도권 규제 완화', 2003.09.18.
https://www.joongboo.com/news/articleView.html?idxno=119797

50 영남일보, [사설] '지방대학 출신 할당제' 기대 크다, 2003.04.12.
https://www.yeongnam.com/web/view.php?key=20030412.00000010.000020

51 영남일보, [사설] 지방발전 입법 서둘러야, 2003.04.07.
https://www.yeongnam.com/web/view.php?key=20030407.00000010.000020

52 부산일보, [사설1] 균형발전 막는 '국가균형발전법', 2003.10.21.
https://www.busan.com/view/busan/view.php?code=20031021000540

53 충청투데이, [사설]수도권 규제완화 안될말, 2003.05.10.
https://www.cctoday.co.kr/news/articleView.html?idxno=21594#google_vignette

54 전북일보, [사설] 공염불 돼버린 수도권 억제시책, 2003.05.25.
https://www.jjan.kr/article/20030525092860

55 매일신문, 지방분권·균형발전특별법 기대된다, 2003.12.30.
https://www.imaeil.com/page/view/2003123011505126238

56 충청투데이, [사설] 행정수도건설 특별법 공포의 의미, 2004.01.14.
https://www.cctoday.co.kr/news/articleView.html?idxno=53850#google_vignette

57 강원도민일보, '낙후지역 범위 확대하라'는 뜻은, 2004.02.12.
https://www.kado.net/news/articleView.html?idxno=128950

58 부산일보, [사설3] 증권·선물 통합안 백지화 하라, 2003.03.27.
https://www.busan.com/view/busan/view.php?code=20030327000024

59 경상일보, [사설] 울산시의 "지방이전 대상기관" 유치전략, 2003.10.06.
https://www.ksilbo.co.kr/news/articleView.html?idxno=72847

60 강원도민일보, 균형발전시대에 웬 통폐합인가, 2003.11.06.
https://www.kado.net/news/articleView.html?idxno=113665

61 전북일보, 在京 '삼수회'의 고향발전 결의, 2003.12.15.
https://www.jjan.kr/article/20031214108216

62 전북일보, 지역革新협의회 역할 뭔가, 2003.08.22.
https://www.jjan.kr/article/20030821099764

63 전북일보, [사설] 삭발투쟁까지 이른 그린벨트, 2003.05.23.
https://www.jjan.kr/article/20030522092720

64 전북일보, [사설] 생물산업 푸대접은 또 뭔가, 2003.05.16.
https://www.jjan.kr/article/20030515092074

65 한국일보, [사설] 자료 왜곡해 부풀린 혁신도시의 꿈, 2008.04.16.
https://www.hankookilbo.com/News/Read/200804160062308750

66 동아일보, [사설] 맹목적인 지역균형의 환상에서 깨어나야, 2009.09.25.
https://www.donga.com/news/article/all/20080430/8572891/1

67 동아일보, [사설] 섣부른 균형발전정책의 허구 보여준 경제특구, 2010.08.07.
https://www.donga.com/news/article/all/20100806/30362945/1

68 한국일보, [사설] 대화·타협으로 세종시 문제를 풀자, 2010.01.12.
https://www.hankookilbo.com/News/Read/201001120033338563

69 매일경제, [사설] 세종시 해법, 국민투표보단 청와대 결단을, 2009.09.10.
https://www.mk.co.kr/news/editorial/4628370

70 한국일보, [사설] 세종시 출범, 균형발전 위해 힘 모을 때, 2012.07.01.
https://www.hankookilbo.com/News/Read/201207011244419430

71 중앙일보, 세종시 논란 매듭 … 모두가 패배자다, 2010.06.24.
https://www.joongang.co.kr/article/4265058

72 서울경제, [사설/11월 12일] 세종시 문제 해결 위한 정부의 대안 지켜봐야,
2009.11.11.
https://www.sedaily.com/NewsView/1HNGCM7WHR

73 서울경제, [사설/11월 28일] 세종시 문제 정면돌파 나선 이명박 대통령,
2009.11.27.
https://www.sedaily.com/NewsView/1HUYOX2QWY

74 경향신문, '세종시 시대' 국토 균형발전의 획기적 계기 돼야, 2012.09.14.
https://www.khan.co.kr/opinion/editorial/article/201209142116385

75 한겨레신문, [사설] 사과와 해명조차 없는 이 대통령의 세종시 수정론, 2009.11.04.
https://www.hani.co.kr/arti/opinion/editorial/385882.html

76 서울신문, [사설] 세종시 외길 갈등 접고 백년대계 토론부터, 2010.01.20.
https://www.seoul.co.kr/news/newsView.php?id=20100120031004

77 한국경제, [사설] 李대통령 세종시 수정 입장표명 이후의 과제, 2009.11.28.
https://www.hankyung.com/article/2009112713631

78 한국일보, [사설] 세종시 기업 유치 무리수 걱정된다, 2009.11.17.
https://www.hankookilbo.com/News/Read/200911172335652389

79 한국일보, [사설] 세종시 입장 밝히겠다는 이 대통령, 2009.11.12.
https://www.hankookilbo.com/News/Read/200911120135787048

80 동아일보, [사설] 정운찬 후보자, 세종시 '설계변경' 소신 돋보였다, 2009.09.22.
https://www.donga.com/news/article/all/20090922/8812284/1

81 서울신문, [사설/12월 3일] 해안시대 열게 될 '초광역권 4대 벨트' 구상, 2009.12.02.
https://www.sedaily.com/NewsView/1HQRLAPTSQ

82 경향신문, 오락가락 난맥상 드러낸 균형발전 정책, 2008.07.23.
https://www.khan.co.kr/opinion/editorial/article/200807230111345

83 동아일보, [사설]수도권과 지방, 경쟁력 살리고 균형도 모색해야, 2011.04.05.
https://www.donga.com/news/article/all/20110404/36157341/1

84 서울신문, [사설] 수도권 규제완화 반대 일리있다, 2008.11.05.
https://www.seoul.co.kr/news/newsView.php?id=20081105031005

85 서울경제, [사설/6월 12일] 토지 규제완화 투기 부추기지 않아야, 2008.06.11.
https://www.sedaily.com/NewsView/1HTFL61NRH

86 서울경제, [사설/9월 12일] 광역경제권 활성화, 나눠주기식 안 되게, 2008.09.11.
https://www.sedaily.com/NewsView/1HMLT1BT6A

87 문화일보, 〈사설〉 '균형 도그마'에 또 밀리는 수도권 규제 완화, 2008.07.22.
https://www.munhwa.com/news/view.html?no=2008072201033137076002

88 문화일보, 〈사설〉 李 정부, '균형발전'의 4대 문제점 극복해야, 2008.08.19.
https://www.munhwa.com/news/view.html?no=2008081901073137076020

89 경향신문, 본질 무시한 세종시 백지화 움직임, 2009.10.18.
https://www.khan.co.kr/opinion/editorial/article/200910182219185

90 경향신문, 세종시 수정안을 받아들일 수 없는 이유, 2010.01.11.
https://www.khan.co.kr/opinion/editorial/article/201001112331415

91 한국경제, [사설] 지경부는 수도권 규제완화 왜 늦추나, 2011.04.05.
https://www.hankyung.com/article/2011040576891

92 매일경제, [사설] 어정쩡한 지역 균형발전 정책, 2008.07.21.
https://www.mk.co.kr/news/editorial/4464867

93 한겨레신문, [사설] '국토 이용 효율화'가 아니라 '국토 황폐화' 정책이다, 2008.10.30.
https://www.hani.co.kr/arti/opinion/editorial/319101.html

94 한겨레신문, [사설] 세종시 수정론과 함께 실종된 '국토 균형발전론', 2009. 11. 06.
https://www.hani.co.kr/arti/opinion/editorial/386374.html

95 대전일보, [사설] 이래도 지방 죽이기 아닌가, 2008. 04. 28.
https://www.daejonilbo.com/news/articleView.html?idxno=754176

96 충청투데이, [사설] 대통령의 명확한 입장표명 나와야, 2008. 04. 17.
https://www.cctoday.co.kr/news/articleView.html?idxno=270474#google_
vignette

97 충청투데이, [사설] 수도권 규제완화하면 지역발전은 없다, 2008. 07. 21.
https://www.cctoday.co.kr/news/articleView.html?idxno=282591

98 중도일보, [사설] 말로만 지방분권, 지역균형인가, 2008. 05. 01.
https://www.joongdo.co.kr/web/view.php?key=20080501000002285

99 광주매일신문, 지역발전 정책, 실천여부가 관건이다, 2008. 07. 23.
http://www.kjdaily.com/read.php3?aid=1216738800119759018

100 영남일보, [사설] 혁신도시 줄이고 수도권 규제완화?, 2008. 04. 16.
https://www.yeongnam.com/web/view.php?key=20080416.010310715200001

101 충북일보, 정부의 수도권 중심정책 수정돼야, 2008. 06. 12.
https://www.inews365.com/news/article.html?no=37891

102 부산일보, [사설] 지방분권 공약, 국가경쟁력 강화차원서 다루길, 2013. 01. 18.
https://www.busan.com/view/busan/view.php?code=20130118000121

103 광주매일신문, 지역 특별법 더이상 홀대 안된다, 2008. 03. 22.
http://www.kjdaily.com/read.php3?aid=1206111600108218018

104 한라일보, 서귀포시 회생 위한 강력한 시책 절실, 2008. 03. 15.
https://www.ihalla.com/article.php?aid=1205506800263895043

105 제민일보, [사설] 새정부와 국회, 그리고 제주도, 2008. 04. 20.
https://www.jemin.com/news/articleView.html?idxno=200146

106 매일신문, [사설] 혁신도시 보완하되 균형발전 훼손 말아야, 2008. 04. 16.
https://www.imaeil.com/page/view/2008041611345454194

107 부산일보, [사설] 한계점에 다다른 비수도권 주민들의 인내, 2008. 06. 26.
https://www.busan.com/view/busan/view.php?code=20080626000540

108 경상일보, 사설/지역광역화정책에 대한 대책 세워야, 2008.07.21.
https://www.ksilbo.co.kr/news/articleView.html?idxno=221907

109 전북일보, [사설] 현실로 나타난 기업 지방이전 취소, 2008.07.09.
https://www.jjan.kr/article/20080708274577

110 경인일보, 언제까지 수도권을 역차별할 것인가, 2008.08.24.
https://www.kyeongin.com/article/392867

111 강원일보, [사설] 도 8대 공약, 균형발전 차원서 실행에 옮겨야, 2013.01.14.
https://www.kwnews.co.kr/page/view/2013011300000000053#google_vignette

112 강원일보, [사설] '동해안 경제구역' 지금부터는 실제 투자자 유치, 2013.02.05.
https://www.kwnews.co.kr/page/view/2013020400000000013#google_vignette

113 서울신문, [사설] 세종청사 시대, 서울 중심주의 버려야, 2013.08.02.
https://www.seoul.co.kr/news/newsView.php?id=20130802027021

114 경향신문, 지방자치 근간 훼손하는 행자부 지방재정 개편안, 2016.05.23.
https://www.khan.co.kr/opinion/editorial/article/201605232102015

115 아시아경제, [사설] 수도권 규제 완화, 지방과 상생 해법을, 2013.08.02.
https://www.asiae.co.kr/article/2013080211222133070

116 동아일보, [사설] 첨단기술 업종의 수도권 진입 막아서는 안 된다, 2013.08.02.
https://www.donga.com/news/article/all/20130802/56800029/1

117 서울경제, [사설] 수도권 규제개혁 획일적 균형발전 벽 넘어야, 2014.01.09.
https://www.sedaily.com/NewsView/1HPM3FP62J

118 한국경제, [사설] 33년 수도권 규제, 이제 혁파할 때 됐다, 2014.12.21.
https://www.hankyung.com/article/2014122143611

119 한국경제, [사설] 세종시의 붕 뜬 관료들… 허구의 지역균형론이 만들었다,
2016.09.19.
https://www.hankyung.com/article/2016091987421

120 파이낸셜뉴스, [fn사설] 국회 세종시로 이전, 공론화가 먼저다, 2016.03.28.
https://www.fnnews.com/news/201603281701105732

121 매일경제, [사설] 34년 묵은 수도권 규제 대못 이제 뽑아야 한다, 2016.07.05.
https://www.mk.co.kr/news/editorial/7413681

122 한국경제, [사설] 다양한 수도권 규제완화 법안들, 이번에는 결실 봐야, 2016.07.22.
https://www.hankyung.com/article/2016072271451

123 서울경제, [사설] 수도권 규제, 지방보다 해외로 기업 내몰았다, 2016.07.27.
https://www.sedaily.com/NewsView/1KZ13H23QU

124 광주매일신문, 진정한 지방자치 발전을 위한 개헌 필요하다, 2015.03.30.
http://www.kjdaily.com/1427715470345177018

125 경남도민일보, [사설] 이번에는 지방분권 확실히 다지자, 2016.05.23.
https://www.idomin.com/news/articleView.html?idxno=508838

126 영남일보, [사설] 정치권 개헌 논의에 지방분권 반드시 포함돼야, 2016.06.17.
https://www.yeongnam.com/web/view.php?key=20160617.010230748320001

127 부산일보, [사설] 국회 의결 개헌특위, 국민 염원 담은 방안 도출을, 2016.12.29.
https://www.busan.com/view/busan/view.php?code=20161229000280

128 국제신문, [사설] 지방분권형 개헌 촉구한 영호남 시장·도지사, 2017.02.10.
https://www.kookje.co.kr/news2011/asp/newsbody.asp?code=1700&key=20170211.22019194030

129 광주매일신문, 분권형 개헌 특별법 마련 등 제도적 장치 시급, 2017.02.12.
http://www.kjdaily.com/1486893938400461018

130 무등일보, 사설(하) 지방분권 실현에 힘모은 영·호남 시도지사들, 2017.02.14.
https://mdilbo.com/detail/nPE2fj/504085

131 국민일보, [사설] 균형발전과 지방분권 확대엔 여야가 따로일 수 없다, 2018.02.01.
https://www.kmib.co.kr/article/view.asp?arcid=0923894928

132 파이낸셜뉴스, [fn사설] 김태년 균형발전 제안, 정략 떠나 머리 맞대길, 2020.07.20.
https://www.fnnews.com/news/202007201756450024

133 경향신문, 지역균형발전과 분권, 범국가적 과제로 추진해야, 2020.07.21.
https://www.khan.co.kr/opinion/editorial/article/202007212017015

134 한국경제, [사설] '경쟁의 원리'에 입각한 지방분권이어야 한다, 2018.03.22.
https://www.hankyung.com/article/2018032277021

135 한겨레신문, [사설] 김태년 "국회·청와대 세종 이전", 실행으로 옮기자, 2020.07.20.
https://www.hani.co.kr/arti/opinion/editorial/954419.html

136 한겨레신문, [사설] 대학 구조조정 불가피하나 지역균형발전도 고려를,
2021.05.20.
https://www.hani.co.kr/arti/opinion/editorial/996040.html

137 서울신문, [사설] 민주당의 국회 세종시 이전 방안 조속히 실행하라, 2020.11.09.
https://www.seoul.co.kr/news/newsView.php?id=20201110031009

138 서울신문, [사설] 부산·울산·경남 특별지자체, 국가균형발전 이끌길, 2022.04.19.
https://www.seoul.co.kr/news/newsView.php?id=20220420031009

139 국민일보, [사설] 첫발 뗀 부울경 메가시티… 균형발전의 新성장축 되길,
2022.04.20.
https://www.kmib.co.kr/article/view.asp?arcid=0924241452

140 파이낸셜뉴스, [fn사설] 부울경 메가시티는 균형발전 선도 모델, 2022.04.19.
https://www.fnnews.com/news/202204191803258934

141 한국경제, [사설] 결국 원칙 저버리고 나눠먹기 돼버린 '예타' 면제, 2019.01.29.
https://www.hankyung.com/article/2019012940551

142 한겨레신문, [사설] '세금 낭비' 우려되는 무더기 '예타 면제', 2019.01.29.
https://www.hani.co.kr/arti/opinion/editorial/880412.html

143 서울경제, [사설] 실패했다는 혁신도시에 공기업 또 내려보내겠다니, 2018.09.27.
https://www.sedaily.com/NewsView/1S4ST1WPCQ

144 서울경제, [사설] 한국판 뉴딜, 지역 나눠먹기 구태 벗어나야, 2020.10.14.
https://www.sedaily.com/NewsView/1Z94L9LH0W

145 문화일보, 〈사설〉 기어이 '예타' 건너뛴 균형발전案 세금 낭비 걱정된다,
2019.01.29.
https://www.munhwa.com/news/view.html?no=2019012901073111000002

146 문화일보, 〈사설〉 선거 직전 또 꺼낸 '公기관 이전 미끼' 국민을 뭘로 보나,
2020.04.07.
https://www.munhwa.com/news/view.html?no=2020040701073111000004

147 국민일보, [사설] 4대강 '예타' 면제 비난하더니… 문정부의 내로남불, 2019.01.28.
https://www.kmib.co.kr/article/view.asp?arcid=0924059071

148 한국일보, 수도권에 세계 최대 반도체 클러스터, 균형발전 보완하길, 2023.03.16.
https://www.hankookilbo.com/News/Read/A2023031515380002687

149 중앙일보, 반도체 전쟁, 여·야·정 삼위일체의 지원 필요하다, 2023.03.16.
https://www.joongang.co.kr/article/25147523

150 매일경제, [사설] 중앙정부 권한 지자체에 대폭 이전, 수도권 역차별은 안된다,
2023.02.12.
https://www.mk.co.kr/news/editorial/10640938

151 이데일리, [사설] 식어가는 성장 엔진... "수도권 규제 완화" 주장 주목해야,
2023.04.21.
https://www.edaily.co.kr/News/Read?newsId=01108646635578416&mediaCo

152 한겨레신문, [사설] '지방시대'와 '서울 확장' 모순, 윤 대통령이 답해야 한다,
2023.11.02.
https://www.hani.co.kr/arti/opinion/editorial/1114767.html

153 중앙일보, 50년 만의 서울 확장, 수도권 총선용 졸속 추진은 안 된다, 2023.11.01.
https://www.joongang.co.kr/article/25203815

154 한국일보, 그린벨트 해제, 투기와 난개발 막을 대비도 철저히, 2024.02.22.
https://www.hankookilbo.com/News/Read/A2024022116500000431

155 동아일보, [사설] "그린벨트 해제" 5일 만에 "역대 최대 군사보호구역 해제",
2024.02.27.
https://www.donga.com/news/Opinion/article/all/20240226/123707466/1

156 한국일보, 서울 그린벨트 해제, 집값 못 잡고 수도권 집중만 키울라, 2024.08.10.
https://www.hankookilbo.com/News/Read/A2024080915540005051

157 서울신문, [사설] 서울로 몰릴 이유 없는 '지방의 시대' 만들길, 2023.11.01.
https://www.seoul.co.kr/news/newsView.php?id=20231102027004

158 무등일보, [사설] '반도체 증원 지방으로' 절규… 정부 입장 요구된다, 2022.07.06.
https://www.mdilbo.com/detail/nPE2fj/673304

159 강원도민일보, [사설] 서울 그린벨트 해제는 '지역 포기', 2024.08.30.
https://www.kado.net/news/articleView.html?idxno=1262956

160 대구신문, [사설] 달빛철도 특별법은 미래 안목에서 바라봐야, 2024.01.16.
https://www.idaegu.co.kr/news/articleView.html?idxno=446404

161 경북일보, [사설] 여야 의원 261명 발의 '달빛철도법' 폐기시키나, 2024.01.14.
https://www.kyongbuk.co.kr/news/articleView.html?idxno=2152508

162 남도일보, [사설] 광주~대구 간 달빛철도 특별법 자동 폐기할 건가, 2024.01.09.
https://www.namdonews.com/news/articleView.html?idxno=754182

163 광주일보, 해 넘기는 달빛철도… 21대 국회 넘기면 끝장, 2023.12.29.
http://www.kwangju.co.kr/news_view.php?aid=1703775600762418074

164 경인일보, [사설] 수도권 기회발전특구, 문은 열고 입장은 불가인가, 2023.12.19.
https://www.kyeongin.com/article/1669730

165 경기일보, [사설] 강화·옹진 기회특구… 인천의 미래 영역 확장이다, 2023.12.05.
https://www.kyeonggi.com/article/20231204580361

166 5개 방송사(KBS, YTN, MBC, SBS, OBS)는 중앙언론사로 분류는 했으나 실제 사설 건수는 하나도 파악되지 않았다. 이에 따라 검색 대상 매체는 모두 70곳이었으나 실질적으로는 중앙 20곳, 지방 45곳으로 65곳의 사설이 분석 대상이었다.

167 허영, 박영사, 《한국헌법론》, 2009, p.24.

168 이성근 외 6명, 2013, 영남대학교 한국균형발전연구소, 〈참여정부와 MB정부의 지역균형발전 및 지방분권정책의 평가 연구〉, 《한국지역혁신논집》, 4권, 3호. 61~83pp

169 혁신도시조정 및 발전에 관한 특별법, 기업도시개발특별법, 수도권정비계획법, 지방대학 및 지역균형인재 육성법 등 균형발전 시책의 추진을 위한 개별 법령은 이 국가균형발전특별법을 토대로 만든 법이다.

170 송우경, 2018, 산업연구원, 〈국가균형발전특별법의 변천과 발전방향〉, 《이슈페이퍼》, 1~88pp

171 중앙일보, 국가균형발전 특별법 제정 공공기관·대기업 지방 이전, 2003.04.17.
https://www.joongang.co.kr/article/155266

172 대한민국정책브리핑, 공공기관 지방 이전 13가지 오해와 진실, 2005.05.20.
https://korea.kr/news/policyFocusView.do?newsId=75083588&pkgId=5000009

173 충청투데이, 지방시대 이끌 희망의 빛 '충청광역연합' 출범만 남았다, 2024.09.18.
https://www.cctoday.co.kr/news/articleView.html?idxno=2201264

174 전남연구원, [광주전남정책연구] 지역균형을 위한 불균형 성장전략 필요, 2021.08.31.
https://www.jni.re.kr/cms/bbs/cms.php?dk_cms=news_03_03&dk_id=298&page=13

175 KBS뉴스, 반도체 '622조' 투자… "세계 최대 클러스터 조성", 2024.01.15.
https://news.kbs.co.kr/news/pc/view/view.do?ncd=7866216

176 대한민국정책브리핑, 고속철도 도입배경 및 파급효과에 대하여, 2003.09.25.
https://korea.kr/briefing/pressReleaseView.do?newsId=20003843

177 조재욱·우명제, 2014, 대한국토·도시계획학회, 〈고속철도 개통이 지역경제 및 균
형발전에 미치는 영향 -대한민국 KTX 경부선·경전선을 중심으로-〉,《국토계획》,
49권, 5호, 263~278pp

178 전은하·이성우, 2007, 서울연구원, 〈고속철도가 지역균형발전에 미치는 영향〉,
《서울도시연구》, 8권, 4호, 73~87pp

179 정일홍·이성우, 2011, 한국지역학회, 〈KTX 개통에 따른 국토권역별 인구이동의
실증분석, 2004~2009〉,《지역연구》, 27권, 3호,121~138pp

180 임지훈·서은영·원제무, 2013, 대한국토·도시계획학회, 〈고속철도 역세권 지가변
동률에 영향을 미치는 요인 규명에 관한 연구 -도시철도가 연계되지 않은 KTX역
을 중심으로-〉,《국토계획》, 48권, 7호,153~166pp

181 한국교통연구원, 호남고속철도 개통이 지역발전에 미친 영향, 2021.10.25.
https://blog.naver.com/koti10/222529715227

182 SBS뉴스, [뉴블더] "면허 그냥 안 딸래요"… 운전포기족 '급증', 2024.10.22.
https://news.sbs.co.kr/news/endPage.do?news_id=N1007843279&plink=LINK&
coop&plink=COPYPASTE&cooper=SBSNEWSEND

183 최은지, 2020, 한국지역개발학회, 〈교통인프라가 농가의 농업소득과 농촌지역의
균형발전에 미치는 영향〉, 한국지역개발학회학술대회자료, 365~373pp